在《知日》的第二期内容已经接近完成时，日本发生了9.0级的大地震。这次灾难比我们所有人预想的都要严重。

此前因为朝日电视台一直在跟拍知日团队，地震后十天左右，朝日电视台来采访，问我说这次日本大地震令你印象深刻是什么？当时第一反应的回答是，一是这次地震的破坏力令人恐惧，另一方面，日本人在灾难面前有很多非常不一样的表现，值得很多国家和地区学习。相信不少人的印象跟我一样。

众所周知，日本在地震防灾方面应该是全世界首屈一指的，所以我们看到这次因为建筑物倒塌造成的人员伤亡很少，尤其是学校、体育馆等公共建筑，抗震标准在日本立法上有非常严苛的要求。这期我们还特别记录报道了朝日电视台的一档节目，即“全能住宅改造王”。看过的人都应该对节目中参与改造的建筑师高度理解和尊重人的生活方式这一点有非常深刻的印象。而这个节目中，我们也看到“抗震”一词在日本平民住宅中的重要性。面对灾难，我们需要的是面对，然后，一切都会过去的。但关键的一点是：在下次灾难来临前，我们做了更好的准备吗？

天灾面前，人祸往往更令人无奈。此次日本大地震之后核泄露的事故，就让我们看到这种无奈。很多时候，现实其实给我们很多机会，只要我们不要那么短视。当然真正做选择不是一件容易的事儿，但我想只要记住一点，那就是无论个人还是整个社会，只要都能做出自己的选择，并都为此负责，就够了。

关于地震防灾在日本社会中的体现等类似专题，知日制作团队会在深入本土后，找到更加好的编辑角度做出来。我们也期望尽能力所及，真正找到一些可以和读者分享的经验和价值。

说回来这期我们做的特辑——“制服”，之所以选择这个关键词，一方面，我们认为“制服”会是一个很视觉化、很好玩的编辑方式，同行早都做过类似的选题。这次我们也挖掘和拿到一些好玩的文章和图片，当然也有不少部分因为时间关系，没法深入到理想状态，总有遗憾。比如一直想找人写一篇关于日本“家纹”的文章，但是结果还是未能成功；另外一方面，“制服”一词，所对应的是“规范”、“社会性”、“分工”和“组织”等一系列词汇。也不是要搞正统的社会学分析，我们只是指望能做一些这方面的探索和讨论，你看不到这些也没有关系，那一点儿也不重要。但愿文章和片子能让你们觉得有趣才好。

出品：文治 lab
Producer: Wenzhi Lab

出版人 & 主编：苏静
Publisher & Chief Editor: Johnny Su

资深主笔：毛丹青
Chief Writer:Mao Danqing
编辑顾问：蒋丰，汤祯兆，健吾，剑心
Editorial Consultant: Jiang Feng, Tong Ching Siu, KENGO, Kenshin
编辑：周赟，胡蓉
Editor: Zhou Yun, Hu Rong
特约记者：姚远（东京）
Special Correspondent: Yao Yuan (Tokyo)

艺术指导：马仕睿
Art Director: Ma Shirui
设计 Graphic Design: typo_d

版权统筹：邰辉，黄亚丽，蔡萍萱
Copyright Consultant: Tai Hui, Huang Yali, Cai Pingxuan

合作协助（排名不分先后）
Cooperation (no particular order)
朝日放送株式会社
Asahi Broadcasting Corporation
川口敏子工作室
ARCHISTUDIO KAWAGUCHI CO.,LTD.
日本国家观光局 (JNTO)
Japan National Tourism Organization
日本航空（JAL）
Japan Airlines
SAMURAI 创意工作室
SAMURAI INC.
三影堂摄影艺术中心
Three Shadows Photography Art Centre

知日 ZHI JP
电子邮箱：zhi.japan@gmail.com
新浪微博：http://t.sina.com.cn/zhijp
豆瓣小组：http://www.douban.com/group/ZHIJP

**毛丹青** 外号“阿毛”，中国国籍。北京大学毕业后进入中国社会科学院哲学所，1987 年留日定居，做过鱼虾生意当过商人，游历过许多国家。2000 年弃商从文，中日文著书多部。现任神户国际大学教授，专攻日本文化论。

**吴伟明** 香港中文大学日本研究学系教授，美国普林斯顿大学博士，专攻中日思想文化交流史，旁及港日关系史与日本流行文化。吴教授的另一身份是 blogger，他以“知日部屋屋主”为名，在网上世界与对日本有兴趣的同好切磋及分享。

**蒋丰** 已过“知天命”的年龄，却还不知“天命”为何物。1988 年赴日留学，没有想到在日本“留”到今天。出国前在中央媒体工作，出国后几经打拼创办《日本新华侨报》，现任主编。看到日本，就会想到中国，容易横向对比。因为当年在学就读历史专业，又养成纵向对比的思维定式。就这样，写出来的文章总感觉“横竖不是”。

**汤祯兆** 香港文化人、影评人及作家。长期写作，兴趣由文学至电影，再扩展至文化研究。主要写作领域包括日本文化研究、社会文化观察、电影解读、文学创作及评论等。著有《日本中毒》、《命名日本》。即将在内地推出的著作有《乱步东洋》、《俗物图鉴》及《全身文化人》等，香港出版的最新作为《香港电影夜与雾》。

**健吾** 八十年代出生，毕业于香港中文大学新闻传播学院，及后留学日本筑波大学。现为香港中文大学日本研究学系讲师。身兼作家、记者、编辑、大学讲师、时事评论员、小说写手。文章专栏见于 Milk 新潮流、CUP、Metropop、am730、《明报》、《东方日报》、《信报财经新闻》等各大报章杂志。

**姚远** 西安人，毕业于厦门大学中文系。后在《青春潮》杂志社任记者、编辑。1988 年赴日，从师于著名摄影大师森山大道。2000 年起，创办电子杂志《日本流行资讯报》（后改名为《东京流行通讯》），十年来坚持不懈地传播日本流行文化。近年来，为多家中、港、台杂志撰稿，并助力日文书籍的中文版引介工作。

**剑心** 香港新浪榜首博客《剑心，回忆》作者，主打日剧电影、美食生活、脱宅成长、男女关系等。同时为网络电台节目主持及报刊专栏作家，著有《宅男罐头学》一书。

**刘联恢** 旅居日本多年，现为北京第二外国语学院汉语学院教师，专职教授外国留学生汉语和中国文化，每年为日本京都外国语大学等学校的暑期访华团做中国文化讲座。

**袁迪** 杂志癖，现居北京。2009 年正式创立在线杂志《假杂志》。关注独立杂志和出版，并致力于筹建独立杂志、影像书收藏展示阅读平台《杂志書房》。

**汗青** 本名叶军，一九六七年五月生，浙江杭州人。先后于外贸、IT 行业进行自我发展，现从事文化策划和推广工作。因长期从事策划等文案工作，同时对历史颇有兴趣，因此在几年中积累了不少关于文史方面的著叙。

**陈鹏** 80 后男，曾任大学讲师、记者、外企市场经理、央企秘书。一只眼看“管理的艺术”，写作 IT、金融、新能源中的管理新潮；另一只眼看“艺术的管理”，为艺术设计对接商业生活进行策划咨询。

**Rob Oechsle** 美国人，曾在日本冲绳居住 35 年，是专业摄影师同时也写作并教授历史。对日本摄影史颇具兴趣，尤其研究日本的立体摄影师江南信国 (http://www.t-enami.org)。在首期《知日·奈良美智》中有关于他的更多介绍和收藏。

**kotori** 宅一枚，自由撰稿人，日本流行文化爱好者，ACG 深度中毒者，对各种冗长沉闷的日本电影及动画有另类偏好。

**杜文剑** 泰山脚下长大，中学时代开始对日本传统文化产生兴趣。清华法学院毕业后，孤身东渡日本，在京都大学攻读日本古代史专业。

**金晖** 纪录片导演，业余时间玩玩图片。由于做纪录片的思维训练，对“美的空镜”不感兴趣，喜欢拍摄人的状态，追求交流感。

**杨弘迅** 摄影师，1983 年生于广州，现生活工作于北京。作品发表于《城市画报》、《Theme》、《TOO》、《TIMEOUT》等多家媒体。

ZHI JP. it is JAPAN

# Content

●● | 2011.03

知日 ZHI.JP 致力于为中国年轻人深度报道记录有关日本的文化，创意，艺术和旅行等。
知日 MOOK 双月出版，每年六期。

特写

# Feature

ZHI JP.

03

07

10

01

12

06

# 制服
# Uniforms

# PEEP：三面人生

摄影 | 滝口浩史　采访 | 陈默

职业

生活

爱好

PeeP

■ 去了解，去观看。

■ 我们在社会中生活，有各自的工作、身份，也有属于个人和家庭的空间。我们会遇到许多人。

■ 对于他们，我们都知道些什么呢?

■ 我想，我们看到的仅仅是他们的某一面。例如他们工作时的身影，或着他们私底下的样子。我想要多了解一点他们的生活，不仅是工作，还想要知道他们有怎样的个人空间，又有怎样的兴趣爱好。

■ 标题“PEEP（窥视）”的意思本是“偷偷看一眼，匆匆扫视”之意。我想将另一层意思包含进来：不仅仅是我在通过相机单向地窥视他们的生活，被摄的他们同时也在看着镜头，同样也在用自己的方式观看我们。标题“PEEP（窥视）”的变异即在于此。

■ 我们似乎对他人有所了解，却又对他们一无所知。我们也是他人中的一员，所以想要理解别人，就要怀着极大的兴趣去观看他们，同时也是在展示自己。

——滝口浩史

**滝口浩史：** 1977 年生于日本静冈县。他从 2008 年起开始拍摄“PEEP（窥视）”项目至今。这个摄影项目将镜头对准日本当下的各类人群，跟踪拍摄他（她）在工作、家中，以及享受个人爱好时的状态。拍摄对象包括艺校学生、清洁工、AV 女优、杂志编辑、冲浪板制作师、公务员、体育用品店店员等，“窥视”所看到的他人的生活，不乏意外和惊讶，但同时又如你我一般普通而平常。

佛教僧侣，山梨，2011

佛教僧侣，山梨，2011

佛教僧侣，山梨，2011

女仆咖啡店店员，东京，2010

保安，东京，2010

**致力于为中国年轻人深度报道记录有关日本的**

## 知日 ZHI JP. 中国关注了解日本第一媒体

**您是通过何种渠道知道《知日》的?**

□书刊、网络等媒体报道 □广告、海报 □朋友推荐介绍 □其他

**您是通过何种渠道购买到《知日》的?**

□实体书店 □网络书店 □借阅 □其他

**您觉得《知日》的价格如何?**

□偏高 □偏低 □适中

**您的阅读方式是?**

□仔细阅读 □随意浏览 □只看图片或文字 □只挑喜欢的看 □其他

**关于日本，您最感兴趣的方面是?**

□动漫、游戏 □日剧、音乐 □品牌、产品 □设计、创作

□风土人情 □历史文化 □名人名家 □其他

**本书栏目中，您最喜欢的是?**

□特写 □报道 □现场 □书刊 □人物 □日剧 □品牌 □视觉 □词汇

**您最喜欢本书的一点是?**

□内容符合期待 □文字优美易读 □装帧、版式、图片 □其他

**本期内容中，您最喜欢的文章是?**

**本期撰稿人中，您最喜欢的是?**

**您希望读到其文章的撰稿人是?**

**您希望我们专访的人物是?**

**您希望读到的专题内容是?**

您对我们的建议是?

如果愿意，请填写您的个人资料，帮助我们更好地为您提供阅读服务。

您的性别 □男 □女

您的年龄 □18岁以下 □18-25岁 □26-35岁 □36-45岁 □45岁以上

您的学历 □高中或以下 □大专 □大学本科 □研究生或以上

您的职业 □传媒工作者 □文字工作者 □翻译工作者
□教育工作者 □学生 □其他

您的月收入 □2000元以下 □2000-5000元 □5000-8000元 □8000元以上

《知日》编辑部 zhi.japan@gmail.com 地址：中国北京市朝阳区朝阳门北大街乙 12 号
天辰大厦 21 层
邮编：100020
电话：010-65550212/65550264
传真：010-65550150

钢铁技工，静冈，2009

居酒屋师傅，神奈川，2008

# ▸ Q & A 滝口浩史 ◂

是的，我喜欢观察人们，尤其喜欢观察日常生活中那些生命和死亡。有无数我不了解的生活，而每次都让我感到讶异。我先是拍摄自己的朋友，然后再请他们介绍我和他们的朋友以及有趣的人们认识。其中的很多人和我都只是第一次见面。

Q 由于您是“PEEP”系列的创作者，可否用“PEEP”的方式来介绍一下自己呢？

A 我不知道假如别人以“PEEP”的角度看我会是什么样子。其实我想过拍摄自己，但还是有些犹豫。(如果要介绍的话，) 我在艺术学校教书谋生，我最喜欢做的事情是创作摄影作品。

/

Q 您怎么会开始摄影的？

A 我大学时候学的是艺术设计，但没有学习摄影。最初开始摄影是为了帮助完成作画和制作动画。真正开始摄影创作是在我的作品 "HAZAMA（狭间）" 被荒木经惟先生从佳能写真新世纪大奖选中后开始的。

/

Q 您有最喜欢的摄影家么？

A 我最喜欢且最尊敬的摄影师是荒木经惟（Nobuyoshi Araki）和玛丽·艾伦·马克（Mary Ellen Mark）。我也曾与查尔斯·弗雷格尔（Charles Freger）直接交流，并得到一些启发。

/

Q 您是什么时候开始有创作“PEEP”的念头的？

A 我一直都在为家人拍摄纪录作品，那时我想用更简洁的方式来拍摄人们的生活。我对自己与他人之间无法深入了解的关系很感兴趣。I

/

Q 您是如何开始这个拍摄计划的？可以谈谈创作过程么？

A 开始时我拍摄每个人好几面的生活，后来发现可以简省到三个方面——工作、在家、爱好时间——来表现他们有趣的生活。我想要更简洁一些，而通过这三个方面就可以猜测他们的生活。

/

Q 您是如何找到“PEEP”里那些人的？

A 我先是拍摄自己的朋友，然后再请他们介绍我和他们的朋友以及有趣的人们认识。其中的很多人和我都只是第一次见面。

/

Q 为什么您会选择这些人参与您的拍摄计划？有什么标准么？

A 我想要收集更多“当下”的日本，特别是 20~30 岁人们的生活，我对此很感兴趣。因为他们的“工作、在家、爱好时间”都异常丰富多姿，他们分很多群体，我选择有趣的群体来拍摄。

/

Q 计划进行得顺利么？是否遇到过麻烦事呢？

A 联络模特确定拍摄时间会遇到很多的麻烦。有时拍到一半会联系不上模特，或者会在拍摄前一天被拒绝。如果我不能被他们信任，只能尝试新的情境和内容重新拍摄。

/

Q " PEEP " 是一组摄影作品，但似乎更接近社会学调查，您怎么想呢?

A 我的想法是，“PEEP” 的摄影更像是制作人类生活的标本，而不是一般的艺术创作。这有些难表述呢，但我确信只能通过摄影来完成这件作品( 而不是其他艺术手法 )。

/

Q 您在很多作品中都将目光锁定在人的身上，而且有很敏锐的观察。您在日常生活中是否也喜欢观察人呢? 这是摄影师的职业病么? （笑）

A 是的，我喜欢观察人们，尤其喜欢观察日常生活中那些生命和死亡。有无数我不了解的生活，而每次都让我感到讶异。但我也对风光摄影感兴趣，而且正在进行一个风景拍摄的计划。

/

Q 人们有时看到别人的生活会心生羡慕。当您“PEEP ( 窥视 )” 别人的生活之时，是否也会有一些感受 ?

A 我会特别惊讶，尤其是某些环境和群体。有时会遇到一些特别的人，我根本不知道他们的生活是怎样的直到见面。我也不知道那些群体是否为日本本土所固有。坦白讲，直接窥探别人的生活让我精疲力竭。因为这是他们的正常生活，却不是我的生活常态。

/

Q 那您是否设想过自己的“理想生活”？

A 我没有很详细地设想过。而有一些生活状态并不适用工作、在家、爱好时间这种方式。

/

Q “PEEP” 的拍摄计划还在继续吧? 可否谈谈您的大致安排?

A 我在继续拍摄这个系列。目前已经完成了 25 人的拍摄，还有差不多 10 人正在进行中。我打算今年拍摄完成 50 人，结束，然后出版摄影书。

/

Q 您是否想过 “PEEP ( 窥视 )” 其他国家的人们呢? 还是您只打算 “PEEP ( 窥视 )” 日本人?

A 这个我想过，但我还是决定先收集日本人的生活。因为在日本，有很多奇怪的生活我还不了解呢。当然，如果我对别的国家人们的生活感兴趣，也会前往拍摄的。

/

Q 在 “PEEP” 之后您还有其他创作计划么?

A 我现在有两个计划。一个去年时候在画廊展出过，我正在构建网站。还有一个是正在进行的风景拍摄，这个计划已经开始两年了，但还未在任何地方发表过。之后我还有一个一直想做的新的肖像拍摄计划。

# 制服的圣俗两道

撰文 | 毛丹青 图片 | 日本政府观光局

■ 加藤千惠是一位日本 80 后小说家，起先是以写短歌出名的，也许因为出生地是北海道的缘故，她的作品没有同龄人的拘谨表达，有时甚至让人觉得大气。在德间书店《书友》上最新连载的小说《毕业了我们》一开场，她写道："学校也就是个容器罢了，说我明天毕业，但我什么也没变，这跟把草莓酱从罐儿里掏出来抹到盘子上一样，该甜的还是甜的，该红的还是红的，什么也没变！不过，一旦到了社会上，我知道这些都会变。因为草莓酱是无法再塞回罐儿里的，而且，被密封得好好地、整整齐齐地摆放到货价上的草莓酱与抹到盘子上开始恶心地流淌的草莓酱完全不是一回事儿！所以，这些都让人觉得恐怖，一个不再是高中生的我，究竟有多大的价值？脱掉校服的我与一直活到今天的我究竟能有多大变化呢？"

■ 显然，小说主人公的初次登场等于跟校服诀别，换句话说，一个走向社会的忐忑不安的少女恰恰是从服装的取舍上起步的。但不可否认的是，当她离开学校，要么是白领，要么是员工，要么是店员，或者任何一个职业，能够与校服交换的也许是她打算尽职的制服，套用加藤千惠小说的问句："穿上制服的我与一直活到今天的我究竟能有多大变化呢？"

## ▸ 如此颜色之所以能够出现，完全是因为稀泥地 ◂

■ 我曾经去过奄美大岛，行政上它属于鹿儿岛县，那里有出名的大岛抽丝，其最大的特点是"泥染"法。染织工匠先把树的树根和树枝锯断，一点一点割碎后，放进大锅里煎，一直煎出汁液。这种树名叫"车轮梅"，并不是哪儿都能看见的树木。煎出汁后，每隔一段把丝线浸入树汁，浸完拿出，拿出再浸，每一回一浸一拿出都需要 20 回同样的动作，然后再把丝线浸泡在稀泥地里。经过树汁和稀泥的染色，色泽会越来越深。树汁染的丝线呈茶褐色，再经泥染，茶褐色逐渐发黑，油亮油亮的，显得非常厚。尤其用它织成的布料，更叫你觉得这是一种非凡的色泽，其实，如此颜色之所以能够出现完全是因为稀泥地。

■ 稀泥地里有无数用肉眼看不出来的虫子，它们在泥里蛀满浸泡的丝线，把泥的色素吸入体内，最后叮进每一根丝线之中，据说，这是"泥染"的奥秘。其中叫我吃惊的是用这种布料做出的和服穿在人的身上，时间越久，色泽不但不会褪，反而会越穿越亮、越穿越艳。理由是简单的，泥染过的丝线里有虫子，用它织出的布料做成了和服，但虫子还活着，它们专门吃和服上留下的人的皮屑，汲取为自己的营养。人穿衣服总会把身上的油脂、皮屑落在衣内，构成一层膜儿，而这层膜儿变成了虫子的乐园，它们繁衍生命，用血液使布料发出亮人的色泽。所以，泥染的布料不能老不穿，一不穿，虫子就会失去营养，生命的光辉就会黯淡。

■ 当地的日本人告诉我这样的和服要穿好几辈子，从姥姥穿到妈妈，从妈妈穿到女儿，一直穿下去。这是我在奄美大岛看到的，也是听到的。不过，按照日本人的审美观看，这事似乎十分美丽，诗情画意，很多去过这个岛的日本人回来后都是这么跟我赞美的。

## ▸ 其升华的程度已经超越了我起初的想象 ◂

■ 过去很长一段时间，我老觉得服装也许是一个人体外的存在，因为它随时随地都存在于你与社会接触的瞬间，尤其在日本，到了学校变成校服，到了公司或者工厂变成了制服，但无论什么服装，一旦往深处说，似乎都说不过大岛抽丝，因为它的染织居然让你与服装变成了一个共同的生命体。其升华的程度已经超越了我起初的想象。不过，这话虽然这么说，可单单就服装而言，所谓“制服”也许有它自身的圣俗两道。

■ 比如，日本人每年元旦必去神宫第一拜的情景就是一个例子。一般来说，神宫把男的工作人员叫“宫司”，女的叫“神子”，或者叫“巫女”。听上去，日语的发音跟中文相差大，文字上具有的形象很难转移到发音上，所以当我多年前头一次听说神宫那些身穿白衣和朱红色的大裙子的美女叫“巫女”的时候，确实有些吃惊。

■ 去年元旦去了三重县的伊势神宫，一群隐藏于低山之中的木制宫殿，古树参天，风枝拂尘。神宫很著名，我不是研究这个行当的学者，具体详情可以到网上查看，神宫的网页有很好的中文版。

■ 去神宫的时候正好下雨，日本人不觉得这是“下财”，身边匆匆走过的众人有不少埋怨新年下雨，尤其是大家打伞往里进的时候，伞碰伞，雨水横流，身上湿乎乎的，滋味并不好受。按照神宫的讲究，众人要把去年的福签儿送回来以后再求新签儿，旧签儿叫“古扎”，又是一个发音与文字形象脱节的日语。

■ 我去年没去伊势神宫，家里也没有福签儿，于是问巫女：“没有过去的福签儿，今年也能买到福么？”巫女向我点头微笑，秀色芳容，手指尖儿光滑润泽，连贯的动作显得相当洗练。她跟我说：“只要尊贵的客人心诚，万事获福。”

■ 听了她的话，我求罢福签儿，然后再到巫女的柜台前打算买下来，问她：“如果明年不来，这个福签儿我不是又无法送回来了吗？”她一边笑，一边拿出另外一个福签儿回答道：“请您收下这个福签儿吧，它是永久的，只当您一生只来过这里一次，让凡事结缘吧。”

■ 于是，我把求来的福签儿还给了她，而她把永久的签儿换给了我。当我一定要付钱给她的时候，她说：“尊贵的客人，这个福签儿是免费的，我衷心期待您明年的到来！”

■ 事情说来也巧，同样是今年，我的一个日本学生到神宫打工，当的就是巫女。她跟我说：“上工前，我们都是经过神宫训练的，其中一个就是如何穿好巫女的服装，没穿时你在世俗，一旦穿上了，你就是到了圣界。看人看事应该是不一样的。说白了，巫女的衣服也是制服，随时随地让你不离开圣界，不与世俗亲近的感觉。”

■ 巫女服在日语里也被称之为“巫女装束”，从里到外有一套说法。比如：上半身分别有“布袋”与“白衣”，其中偏短的“白衣”叫“襦袢”，看上去是十分典雅的汉字称谓。下半身是朱红色的，分别叫“绯袴”与“草履”，前者是跨腰穿的裙子，后者就是一双鞋。“草履”的挂带是朱红色的，长相有点儿像木屐，但走起路时，并不发出与地面撞击的声音。从外观上看，红白分明，一个上一个下，巫女装束似乎浅显易懂。不过，有一回，我听巫女这样说过：“其实，上身的白与下身的红是连接起来的，因为下半身的朱红绯袴的包缝必须用白线，以此从贴身部分的朱红与上半身的白衔接，保持全身统一的洁净。”

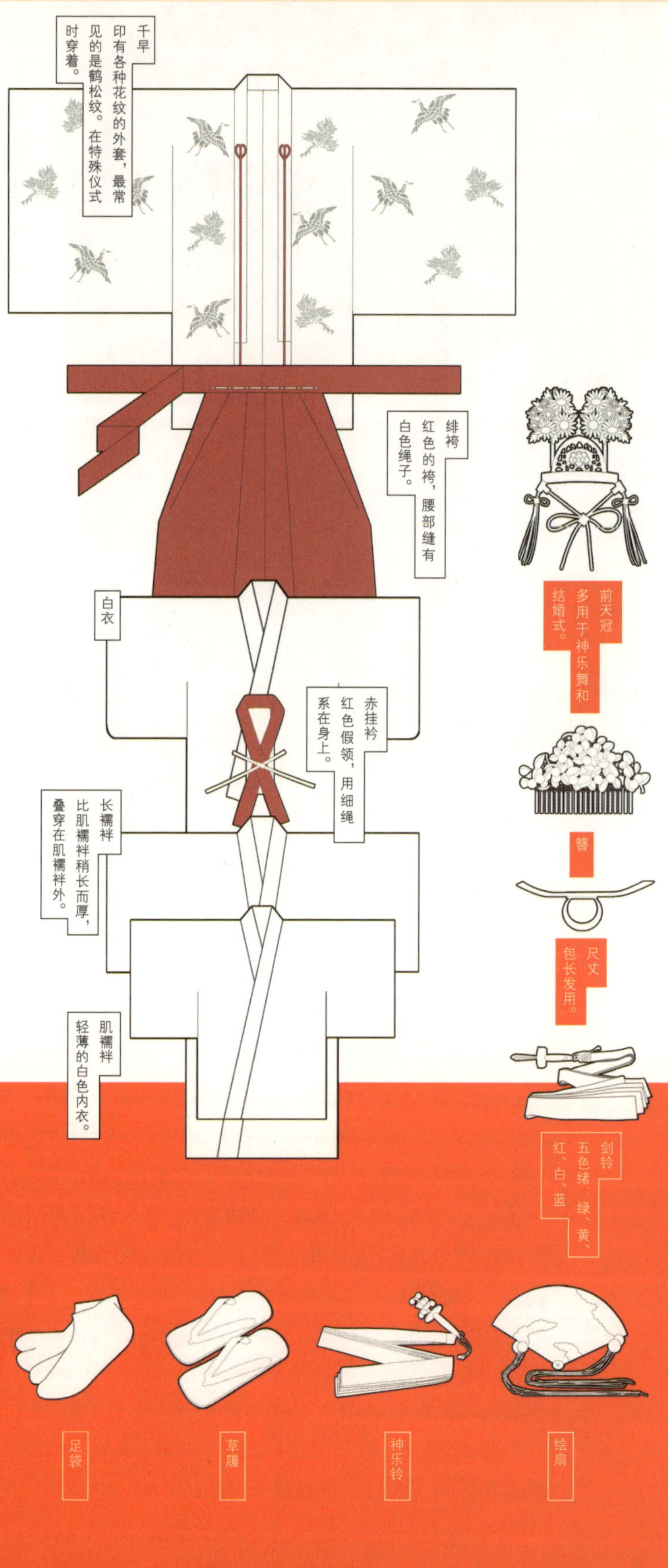

■ 我一边听日本学生的解释，一边想到了歌舞伎舞台上的巫女形象，据说，历史上有个叫“阿国”的名字，她不是国，是一个人，是一个日本女人的名字。今天那些妖娆妩媚的歌舞伎统统要管她叫“师母”。

## ▸近乎于“无我”的状态◂

■ 夜半浓妆，在歌舞伎出台的店内灯光摇曳，茶香满堂，暖色的光影把舞伎的身姿映得如水波般荡漾，三味线的琴弦音也是漂浮而虚幻的，有时悲风流水，有时玉盘倾泻，坐客们一阵阵的尖叫把迷离的歌舞剪得支离破碎。

■ 歌舞伎至今已经有 400 多年的历史了，今天日本的显达们不仅为之倾倒，而且以通晓这类舞艺作为彰显身份的一大筹码。但是，如果你是第一次观看歌舞伎的表演，又事先对它没有任何了解，那你多半会对舞台上那无精打采的步履、手势以及嘴脸交替的变幻不知所云。

■ 我曾经在柏林看过一台舞剧，说的还是东方的事儿，可能因为语言不通的缘故，结果满台舞女飞袖回影，男士歌声如潮，裂石穿云，弄得我整个摸不着头脑。后来，我吸取教训，每次看舞剧，都会做一把预习，尤其对那些语言不通的剧目，非把它琢磨透了才去。久而久之，这甜头儿也尝到了，而且不知不觉中，对沉闷而缓慢的日本歌舞伎也能看出它内心沸腾的一面。

■ 曾经有位美丽的舞伎告诉我，舞伎的舞是从缓慢悠长的动作中用心去体验的一种技法。哪怕一个指头的弯度，转腰的幅度，还有眼神往哪个方向看，头发丝往哪边顺，都是从内心读出来的。这种细腻入微的心灵读术使每一个舞蹈中的舞伎都处在一种类似“入境”的状态里，旋转、闪身、扬臂、垂头……沉浸于自我的空灵世界里。

■ 空灵是歌舞伎的根本。刚才说的“阿国”是日本室町幕府时代的一个女子。当时日本国内战乱，因她父亲是岛根县出云神社的头号铁匠，所以就把女儿装扮成了巫女。年仅 8 岁的阿国，从那时起就会娇情弱步，婀娜腰肢，使周围的人常常发出惊叹，一直到了阿国 32 岁在京都四条河原表演了整场的歌舞伎为止，由她不断展现的舞姿后来被日本人称为“歌舞伎”。原来，这一传统的舞剧是从战乱中的巫术少女开始的。所以，那种似近非近、似远非远的舞台感觉让每位观众犹如踏水行车，随着舞女回旋的玉影，那神秘的错觉也会袭身而至。

■ 歌舞伎的文字起源是一个“斜”字，包含了既新奇又另类的意思。无论是舞台的装置也好，还是舞男舞女的服饰也好，有些地方叫你觉得不对称。

■ 日本人的审美观有一种对“破碎”的享受，包括穿和服的日本女人，那轻尘微步何尝不是破碎的呢？歌舞伎讲究臂膀与腿脚的搭配，要求达到一种近乎于“无我”的状态，保持无限的“圆”的连贯。无论是脚步，还是胳膊，都会按照固定的秒数完成精练的动作，日文中的“破碎”一词还有一层“均匀”的含义，所以，歌舞伎的台步一方面给人一股圆鼓轮敦的劲儿，另一方面让你觉得整个舞台碎而不乱。

■ 有一年，我在京都看过大型舞剧《阿国》，当时是为了纪念歌舞伎诞生 400 周年而特别策划的，出场的演员都是实力派的日本一线人马。绚丽的布景，幻觉的灯光，把那个战乱中的巫女阿国表现得如闻其声如见其人。尤其是最后那场烈舞，男女交错闪现，舞台上出现不规则的乱点儿，时而相聚，时而炸散，最后变成巫女跳跃的一条长线，白白的，发出类似鱼鳞般的寒光……

■ 无疑，在这台舞剧中，一直到了最后，始终不变的巫女服装，或者干脆叫它“制服”恰恰是寒光中的最亮点！

# 不要让我脱下水手服

撰文 | 吴伟明

日本是校服大国，论校服的普及与设计的水平都傲视全球，不少亚洲国家的校服也受其影响。明治至今，校服在日本已拥有约 140 年的历史，战前、战后及现在均经历了重大变化，从校服的变迁可以窥见日本社会与文化的面貌。

## ▸从“脱刀”入校到“校服革命”◂

■ 校服是现代化的产品。德川时代一般百姓在佛寺经营的寺子屋或儒者开办的私塾学习，穿的是日常衣服。中央的昌平坂学问所及地方的藩校亦不设校服。学徒衣装按其所属阶级（如公家、役人或武士）而定。

■ 明治政府在 1871 年颁布新学制，以欧美模式为本，建立近代学校制度。不过最初文部省并没有引进西式校服。虽然身份制名义上被废止，学生的服装仍依其所属阶级，唯一不同是武士子弟要“脱刀”入校。

■ 西式校服最初在官立大学试行，率先引进西式校服的是工部大学校（东京大学工学部前身）。它在 1873 年开学时，由校方分发像西式陆军军服的深蓝色诘襟服（类似中国的中山装），这成为日本校服的蓝本。军服式设计主要参考当时德、法等国家的做法。1879 年学习院（学习院大学前身）规定学生必须穿诘襟学生服，采海军士官军服样式。1886 年帝国大学（东京大学前身）亦引进校服。除诘襟学生服外，还规定男生要戴像军帽的校帽。虽然校服以大学为实验场，战前大学对校服的要求并非强制，不少大学甚至不设校服，即使有也大多是重要仪式时才穿。

■ 1888 年，文部省颁布《寻常师范学校设备准则》，规定校服的种类及应用，自此校服在全国中学普及。男生穿上像西式陆军军服的校服。对女生最初并无明确规定，早年她们多穿和服样式褶裙，后来才转为西式水手服。小学方面却没有穿校服的规定，只有部分小学有此要求。

■ 大正及昭和初期，中学的校服属强制穿着，款式趋于多元化。后来随着军国主义抬头，为了节省资源，校服禁止使用奢侈物料及不必要的设计。政府在 1941 年规定全国中学校服采同一样式，就是穿廉价的国民服，配以军帽。校帽的徽章及校服的钮扣不再使用金属，改用陶钮或玻璃钮代替。

■ 战后日本教育受美国影响，迈向自由化。政府不再立例规定中学生必须穿校服，不过大部分中学仍自主地采用校服。日本中学分两大类：公立及私立。在数量上占绝大部分的公立中学基本上采用校服，私立中学使用校服的比例甚至比公立中学还高。因为不是官方强制，所以校服由学生自资购买。

■ 中学以外的情况比较复杂。小学方面，绝大部分公立小学都没有校服的规定，私立小学多设校服，唯其数量不多。幼儿园差不多全部采用校服。大学绝大部分不设校服，少数有校服的大学只要求学生在特别场合（如入学礼、毕业礼及求职面试时）使用。

■ 20 世纪 80 年代是日本经济的全盛期，人们生活趋于奢侈，对校服要求日高，出现“校服革命”。“校服革命”的最大特色是西装化及自由化。长期流行的男生诘襟服及女生水手服渐被西装式校服所取代。当时很多人认为男生诘襟服老套，而且与军装相似；女生水手服则不够高尚及御寒能力不足。西装式校服包括校褛、恤衫及西装裤（女生则穿西装裙），价格不菲，一套平均约两、三万日元。同一时期，放弃校服，改用“自由服”及“私服”的中学及高中（高等学校）有所增加。所谓“自由服”并不表示可以随意穿着，校方大多对款式及颜色有一些指引；“私服”泛指一般大众可以接受的日常衣着。“校服革命”以大城市为基地，大城市的中学及高中采用西装式校服，“自由服”及“私服”的比例远比地方的乡间为高。农村地域的学校绝大部分有制服的规定，而且不少仍沿用诘襟服及水手服。现今日本全国中学的诘襟服及水手服使用率分别约七成与五成。

## ▸ 不要让我脱下水手服 ◂

■ 日本校服以水手服最闻名，它与流行文化的关系亦最密切。明治政府推行新学制之初，对女生的校服没有严格规定，她们一般多穿和服样式的褶裙。大正及昭和初期，西式校服成为主流，水手服乘时兴起，在战前及战后初期成为女生校服代表。

■ 20 世纪 80 年代日本流行文化掀起水手服热潮。流行音乐、电影、小说及动漫都喜欢加入水手服元素，连写真、AV 及色情夜店也分一杯羹。当时以水手服为名的最热跨媒体作品是《水手服与机关枪》（《セーラー服と機関銃》）。它本来是赤川次郎在 1978 年出版的热门小说，共售出两百万部。1981 年角川将它改拍成真人电影，令女主角药师丸博子一炮而红，她主唱的同名主题曲也大卖。女主角“纯中带邪”的气质令很多男士着迷。1982 年其电视剧版在富士电视台播出，由原田知世主演。此外《坏女孩刑事》（《スケバン刑事》）也将水手服热潮升温，它改编自和田慎二的漫画，内容为身穿水手服的少女与恶势力对抗。1985 年至 1987 年曾推出三个电视剧系列，分别使担当女主角的齐藤由贵、南野阳子及浅香唯走红。

■ 同年代出现很多有关水手服的热门流行曲。松田圣子的《制服》（1982）描写中学毕业的心境，歌词中“穿水手服大概是最后一次吧”引起很多少女的共鸣。小猫俱乐部（おニャン子クラブ）的成名作《不要让我脱下水手服》（《セーラー服を脱がさないで》，1985）及国实百合的代表作《蓝色制服》（《青い制服》，1988）也曾经街知巷闻。当时的偶像女歌手经常穿水手服演出及拍写真，其中令人印象较深刻的有药师丸博子、柏原芳惠、松田圣子、樱井幸子及齐藤由贵。

■ 1990 年代水手服在动漫界大行其道，这与《美少女战士 Sailormoon》及《新世纪福音战士》的热潮有很大关系。月野兔及凌波丽的水手服迷倒众生，也间接将水手服带进 cosplay 及同人志的世界。此外，水手服在当时也渗进色情行业，AV 出现水手服系，夜店的小姐及涩谷街头的“援交”少女也穿起水手服以招徕生意。

■ 千禧年以来，虽然水手服在中学的使用率持续下降，不足一半，但是它对流行文化的影响力却丝毫没有减退。水手服在动漫中与近年大盛的萌风合流，大热萌系作品如《凉宫春日的忧郁》及《幸运星》的女角们都穿水手服。这些角色在 cosplay 及同人界都十分吃香。御宅族中有“服装三神器”之说，以水手服、运动短裤及学校泳衣为最“萌”的少女服装。日本有不少“制服控”的男性，对穿水手服及校服的女偶像及虚拟角色情有独钟。日本少女偶像组合如 AKB48 及早安少女组不时以水手服及西式校服示人。单是 AKB48 便唱了《制服真碍事》(《制服が邪魔をする》)、《最后的制服》(《最後の制服》)、《抗拒制服》(《制服レジスタンス》)及《樱花花瓣》(《桜の花びらたち》)等多首与校服相关的歌曲。AKB48 及早安少女组分别重唱《不要让我脱下水手服》，成为一时佳话。制服向上委员会（SKi）更是以校服为宣传噱头的少女偶像组合，经常穿着名校制服演出及拍录像。电视台亦翻拍《水手服与机关枪》(2006) 及《高校教师》(2003) 这两套女主角穿水手服的经典作品。《幸运星》电视动画的 OP《拿去吧！水手服》(《もってけ！セーラーふく》)曾登上日本流行榜 Oricon 第二位。

■ 其实除水手服外，其它校服也渗透于各样流行文化。以流行音乐为例，日本每年都会出现一些与中学毕业相关的“卒业歌”，歌词中多提及校服。日本校园有一个与男生校服相关的浪漫传统，就是毕业时女生向心仪的男生要求相赠校褛的第二粒钮以作纪念。不过这是单思的纪念品，而非定情信物，因第二粒钮而产生的恋爱甚少。顺便一提，对尊敬的男性前辈则要求第一或第三粒钮作纪念。中岛美雪的《尽管是春天》(《春なのに》)、SEIKO & Crazy 的《制服的钮》(《制服のぼたん》)、岩崎良美的《青春》及齐藤由贵的《毕业》(《卒業》)等流行曲都是以这校钮传统为内容。电子游戏《ダ・カーポ》的主题曲《第二颗纽扣的盟誓》(《第２ボタンの誓い》)及 BL 漫画《请你给我第二颗纽扣》(《第二ボタン下さい》)便是以此为题。在动画《草莓百分百》也有一幕有关西野司与东城绫争夺真中淳平的第二校钮。日剧《求婚大作战》中，吉田礼想向一直暗恋的岩濑健要求第二粒纽扣，却被另一女孩捷足先登。此外，众多耳熟能详的少年漫画中男角们也多穿诘襟学生服，例如《幽游白书》、《灌篮高手》、《BE-BOP-HIGHSCHOOL》、《网球王子》、《稻中兵团》、《男组》及《名侦探柯南》等。

### ▸ 服装乱则心乱 ◂

■ 日本校服经历百多年的历史，从战前的官方强制至战后的自由化，至今使用校服的中学依然占大多数。校服的普及反映日本人重视团体精神及纪律多于个人性格的发展与自由。校服在日本的价值与存废，在教育界、学界、官僚、社会评论家、家长及学生之间引起辩论。

■ 赞成派以《为何要中学生穿制服？》(《中学生になぜ制服か》，久世礼子编，1984）为代表著作。他们赞成学生穿校服，是主流派，其主要观点如下：

1. 穿着校服可培养群体精神及归属感。
2. 反映平等主义，不论富贫均穿同一制服，一视同仁。
3. 减少校内暴力。美国有研究显示，学校引入校服后校内暴力有所下降。日本俗语亦云：“服装乱则心乱”及“服装乱则生活乱”，所以整理行为从服装开始。
4. 校服十分便利及耐用。家长及学生不用为每天穿什么衣服上学而烦恼，学生在出席婚礼及葬礼等隆重场合也可以用得上。校服用料上佳，大方得体，可使用多年。
5. 保护学生。穿上校服，别人便知其学生身份而给与优待及保护。万一出事，也可从校服得知所属学校，可以马上联络校方。
6. 校方认为可增加学校吸引力及学生人数。千叶县立小金高等学校曾一度放弃校服，改行私服制，但学生减少，及后回复校服制后人数回升。

■ 反对派虽非主流，但势力不断增长，他们主张以“私服”及“自由服”代替校服。其论点归纳如下：

1. 校方强制学生穿着校服，有违宪法保障的表达自由及不尊重未成年者的人权。
2. 校服与培养自由民主的教育宗旨背道而驰，制造缺乏个性的同一化社会。
3. 穿校服标准混乱。现时幼儿园、中学及高中多要求穿校服，托儿所、小学及大学则多不用穿校服。
4. 欧美公立学校多不用校服，亚洲学校绝大部分要求校服，可见不穿校服乃先进世界的大趋势。
5. 日本校服昂贵，平均二、三万日元一套，而且还要换季，校褛更非干洗不可，对一般家庭构成财政负担。
6. 防止校服被滥用。不少“援交”少女以校服为工作服，也有男性有收集女生制服的癖好。
7. 私服较校服清洁卫生。私服每天换，校服多天才洗一次。
8. 减轻老师的负担，因不用每天检查学生是否穿合标准校服上学，而且放学后对学生的言行不用负责。
9. 保护女生。穿着水手服的女生容易成为电车“痴汉”及街头“通魔”（无故攻击路人的狂徒）的对象，也可减少无谓的滋扰。秋叶原曾发生一“水手服控”对途经穿水手服女生强行拍照的事件。

■ 京都市曾有家长及学生在地方法院控告市立中学有穿校服的要求，但分别以非苦主本人及未成年为理由，不获受理。反对派的代表著作有《制服、学校及儿童权利》（《制服 · 学校 · 子どもの権利》，冈山制服研究会编，1995）及《过敏与制服：家长与教师的制服依存症》（《アトピーと制服 ： 親と教師の制服依存症》，高野美惠子，2000）。

■ 从校服的历史与现状可窥见日本近百年的文化变迁，更反映出日本精神与西方价值、管理主义与自由主义不断在角力。而校服在学校之外亦扮演着重要角色。

■ 校服在日本如何深入民心？我以《JoJo 奇妙冒险》的一幕作结语。话说主角空条承太郎及同伴花京院典明乘船去埃及，在烈日下一直穿诘襟学生服。空条的祖父看不过眼，质问道：“你们可否换掉那校服？那样旅行不热吗？”他们漫不经心地回答曰：“我们是学生，当然要穿得像学生。”这也许就是日本社会对校服的主流看法。⊙

# 让永恒的时间恢复生机

摄影、撰文 | 原久路　翻译 | 蔡萍萱

有人说巴尔蒂斯的绘画表现了毫无修饰的情色。但是我没这么想过。在我看来，巴尔蒂斯的绘画经常表现出精神层面的东西。如800年前的中国山水画、500年前意大利的湿壁画那般，巴尔蒂斯的绘画蕴含了某些不经由肉体就能传达给观赏者的东西。换言之，可以说那是“缓慢流逝的漫长时间以及将某一空间描绘出来的绝妙光线”。我认为，“时间和光线”是巴尔蒂斯绘画作品的精髓。

此外，时间和光线是摄影中不可或缺的因素。在我看来，快门速度是1/500秒也好30分钟也罢，最终别人看到这张照片的瞬间，都会让永恒的时间恢复生机。定格在感光材料上的过去一瞬，会在人的视线下再次流动。这么一来，照片开始突破物质上的限制，向观看者传递精神上的某些东西。看到几十年前过世的祖父母的照片时，我们总是会怀念与他们共同度过的时光。这才是我需要摄影这一技术的本质原因。并且我认为这一本质是最接近巴尔蒂斯绘画精神的东西。

Courtesy MEM, Tokyo

A study of the "But it was one of their chief amusements to run away to the moors", 2010

Courtesy MEM, Tokyo

A study of the "Portrait of Thérèse", 2009

A study of the "Therese", 2010

Courtesy MEM, Tokyo

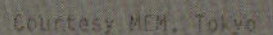

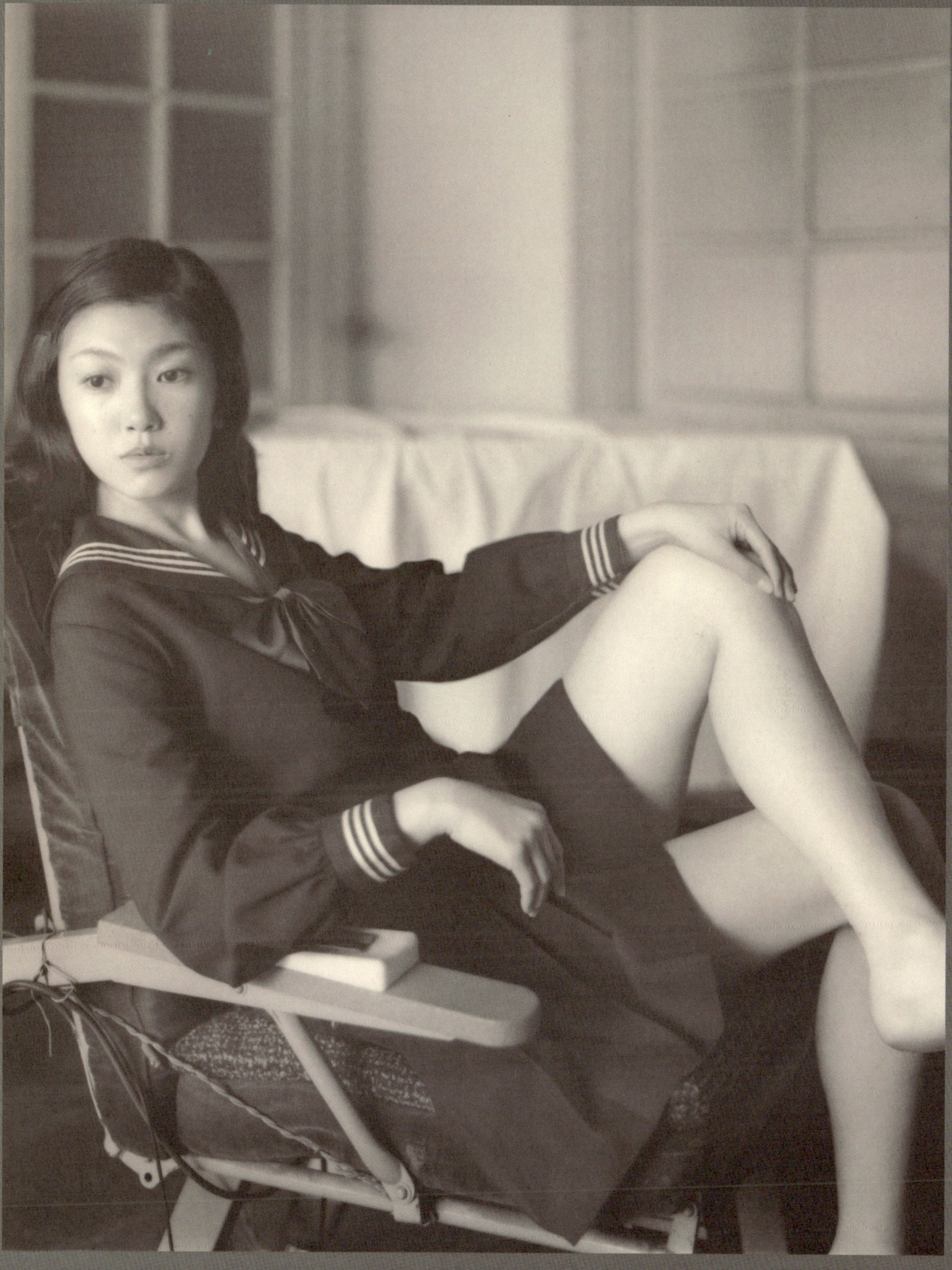

Courtesy MEM, Tokyo

A study of the "Katia Reading", 2009

Courtesy MEM, Tokyo

**A study of "The King of Cats" (self-portrait), 2009**

A study of "The passage du Commerce-Saint-Andre", 2009

Courtesy MEM, Tokyo

A study of the "Colette in Profile", 2009

Courtesy MEM, Tokyo

A study of the "Because Cathy taught him what she learnt", 2010

Courtesy MEM, Tokyo

A study of "The Game of Patience", 2009

巴尔蒂斯"The Game of Patience"油画原作，1943

A study of "The Victim", 2009

**原久路 HISAJI HARA**：

1964年，生于东京，1986年毕业于武藏野美术大学。1993年移民美国，曾任Science Technology Network的摄影指导，在纽约NHK为希拉里·克林顿的独家摄像，还担任多部纪录片、电视节目的摄影和导演。2001年回国后，开始独立摄影师和摄像师的生涯。
2009年、2010年分别在东京的图腾柱画廊和包豪斯画廊举办了个展，并于2010年获得横滨摄影展的最佳摄影奖。
http://hisajihara.com/

所属画廊：MEM INC.
http://mem-inc.jp/
日本，东京，涩谷，
惠比寿1-18-4，
NADiff A/P/A/R/T2楼
Tel. +81-(0)3-6459-3205

Courtesy MEM, Tokyo

# 制服爱与诚

撰文 | 汤祯兆　摄影 | 纪旭

要谈日本人与制服文化的牵连，由衷而言真不知该从何说起。事实上，日本人对制服之爱，早已渗进生活的不同层面，不分范畴、年龄及性别，均难以置身事外。然而当中即使对制服的爱念如一，但其中的含义及背负的寄盼，在时代的迁移下，往往赋予了截然不同的歧义。

## ▸"类军服"的浪漫与热血◂

■ 时至今日，水手服俨然已成为国外辨识日本女生文化的关键标记，但其实水手服的引入，原先承载的精神绝非止于时尚潮流，更重要的乃属一种对西洋文明向往的探究和期盼。在 1853 年的"黑船事件"后（指美国将军佩里率领四艘船身漆成黑色的战舰，向江户幕府递上国书，结果终签定"日米和亲条约"），西方文明的涌入催生了日本国内的教育改革，大学生的校服便是以海军色及"诘襟"（tsume-eri，即高领）设计为蓝本，虽然本质上并非军服，但"类军服"的设计风格使得当年热血沸腾的日本青年，透过校服来强化及催生了更浓烈的国族认同精神。布赖思 · 阿什克拉夫特（Brian Ashcraft）及 Ueda Shoko 合著的《日本女生（机密）》（Japanese Schoolgirl Confidential，日本讲谈社国际株式会社，2010 年初版），曾访问 Tombow（日本的校服老牌企业）制服博物馆负责人 Sano Katsuhiko，他直指对海军的浪漫情结，源自水手可以纵横四海且拥有国际视野，反之当时一般平民出洋则可能要面对死刑的处分，所以海军英雄便成为学生理想形象投射的目标对象。

■ 而当日本进入了明治维新的年代，学习西洋文化几成国策方向，此所以连原来仍穿和服上学的女生校服，也不得不面临改革的压力。日本女教育家井口阿久里到美国麻省的史密夫学院出洋研究后，回校便着力推行上身为水手装，下身为灯笼裤的女生校服改革，从而令她们可以自由活动，尤其在上体育课时更为方便。直至 1920 年全套女生水手服的出现，水手服的浪潮一发不可收拾，电影《水手服与机关枪》的红极一时，也可以说是象征性地公告：水手服已正式成为日本流行文化的殿堂文本。由仰慕西洋文化而发，进而逐渐落地生根，水手服在日本的接受历史，正好说明了流行文化复杂诡谲的变化过程，而一切也非以一时一地的人心意志为转移凭据。

## ▸制服文化的暴走化◂

■ 正如 Sano Katsuhiko 所言：日本人非常重视制服，对他们于社会中的角色感到自豪，此所以警察

东京池袋 · 撑伞回家的女学生，2010.6

看上来要像警察，护士看上来要像护士，女生也如是——所以他认为制服文化在日本是永远不灭的。我认为日本的制服文化不仅不灭，甚至可说是已进入“暴走化”的年代中。我所指的是日本的制服文化已进入无远弗届的地步，隐喻性地言之可谓到达无人驾驶的境界。三田村蕗子在《Cosplay——为何日本人喜欢制服？》（日本祥传社，2008 年初版）便曾留意到一个有趣的社会现象，我认为很值得和大家分享。她指出日本的廉价回转寿司店，其实早已不成文地起用寿司机器人来制作寿司，一方面固然因为寿司师傅薪金高企，同时也因为效率上的考虑，此所以生产上的机械化，大抵都是不得不如此的经营策略之一。只不过她指出即使买卖双方其实都早已有共识，但大家也好像不愿面对眼前赤裸的事实，因此这些寿司店往往会把寿司机器人置于厨房的角落，并且尽量安置于客人看不见的位置，以免影响客人光顾及进食的心情。更讽刺的是，她留意到寿司店更会为机械人穿上白衣制服，把它进一步彻底拟人成寿司师傅的模样——一个寿司机器人披上寿司职人风的专业制服制造一式一样的廉价寿司供大家享用，当中正好反映出制服文化的深入民心，大家虽然心知肚明消费离不开将价就货的定律，但心理调适的安慰仍属可以免费提供的部分，从而达致双赢的状况。

■ 另一暴走化的例子，我认为可以用小学生的 GPS 校服说明。上期吴伟明兄分析日本的手机文化，便提及 NTT DoCoMo SA800i 便是研发给小学生使用的手机，因为它附备全球卫星定位（GPS）的功能，方便家长于任何时候也可知悉子女去向。其实日本早已再前行一步，为小学生推出了配备 GPS 功能的校服，客观上的主因固然和日本的少子化有关，于是小学生的校服市场竞争更形激烈，生产商唯有绞尽脑汁去迎合家长的心态及需要去求生。而眼前的金科玉律关键词正是“安全”，此所以才有 GPS 校服的出现。不过三田村蕗子也严正地指出，其实以上的考虑也不无虚妄的成分。日本家长担心年幼的子女在父母的视线范围外，有机会成为犯罪分子的针对对象，但根据警察厅的数据显示，原来小学生（6 至 12 岁）被杀害的犯罪案件，高峰期为 1976 年。其后数字不断下降，到了 2006 年数字只不过 1976 年的四成而已。反过来说，原来孩童身处最危险的地方，原来是自己家中—— 2006 年儿童在家中受虐的检举宗数，正好破了有史以来的纪录，正好说明在不需要 GPS 的场所，才是罪恶的根源之地。

■ 以上两个例子，我认为不约而同反映出日本制服文化的暴走化倾向——当国民对制服文化的信任及钟情均早已植入内心深处，很容易便会进入走火入魔因噎废食的倾斜状态。制服无疑可为人服务及带来方便，但所服务的心理需要，究竟是幻是真，那就真的要进一步探究背后的心理状态及社会脉络，才可以作一个较公允持平的判定。

## ▸中止思考的制服文化◂

■ 所以在对制服钟情迷恋之际，也不是没有人对制服文化提出需要反省的地方。三田村蕗子便曾分享自身的田野调查经验：1996 年她为一份晚报担当“OL 制服图鉴”专栏的写作，每周访问及介绍不同企业的 OL 服饰，而每次都不会忘记向受访对象查问：“喜欢上班穿制服吗？”而她发现有九成女性受访

筑地市场 · 寿司师傅，2010.6

浅草寺 · 街头玩耍的小学生，2010.6

Tokyo Metro 荻窪站 · 放学回家的小学生，2010.6

者均不约而同认为有制服较好。再查问下去，她们所列举的原因，不外乎以下各点：每天不用考虑穿什么上班很轻松快乐；不用弄污私人的衣服；制服不能与私服混用，否则会花费更多金钱；可以把个人的精神状况清楚调节为工作模式；一旦没有制服，公司会乱成一团云云。

■ 然而有趣的是，对制服业界而言，他们一直强调制服的存在是为了引入企业团队的连带感及统一感，可是一直以来男性雇员，大多从来没有穿制服上班的要求，难道他们不需要和公司连带统一在一起吗？更加讽刺的是，如若会弄污私服，那么其实男同事的衣着同样也不能幸免。如果工作种类容易受污，那么适当地引入护板垫板等也非难事。而经济上真的构成压力，那就更应该从薪酬上做根本性的调适响应。至于上班心情的区分定位，明眼人一看都知道属自欺欺人的把戏，委实不值一晒。此所以三田村蕗子不禁直陈观察所得的背后现实，就是日本 OL 的慵懒本色，宁愿放弃选择来换取中止思考的轻省快乐。

■ 事实上，她也曾访问一些男性管理层，并尝试探究坚持采用女性制服的背后真正用意。有人便认真指出在今时今日的职场文化中，一旦未能好好管理辖下女员工的衣着问题，一不留神就会惹来性骚扰的风波，所以 OL 制服具备减少滋扰的重要功能在内。也正因为此，所以无论从男女双方的角度而言，OL 的制服都拥有简化事情、避免麻烦的作用，但大家也同时放弃了面对现实问题的勇气。举例而言，从另一个角度来说，性骚扰的问题不会因为 OL 穿上制服便因而消除，只不过转化为另一形式，且以更隐性的状态蔓延开去而已。更实际上的考虑，日本 OL 拥护制服且放弃思考也并非全无代价，事实上一旦她们岁月不再而又继续守在职场，便会自食其果！因为日本的 OL 制服，其实十居其九是以二十来岁

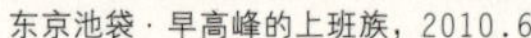
东京池袋 · 早高峰的上班族，2010.6

Tokyo Metro 列车 · 补眠的上班族，2010.6

的女性为设定对象而构思的，是以一旦年龄老去线条不再，OL 制服对上了女纪的日本女性来说不啻是残酷的噩梦，到时候便会面对进退失据的状态。

■ 三田村蕗子言及的虽然不过为日本 OL 的制服文化，但如果深思一下，就会明白她提出的正是弗洛姆（Eric　Fromm）的“逃避自由”概念——把社会上的信念常规及思想内化成自身的经验，从而逃避自由思考所带来的痛苦及压力，那不啻是从侧面说明了日本制服文化的吸引诱因之一二。

## ▸ 女性声音的反论 ◂

■ 当然，以上的观察是从较为进步文明的女性自省角度出发，从而去提出对日本制服文化的反思。直至此刻，我一直回避抑压日本男性对制服文化的观照申述，一来那离不开情色化的想象，二来读者也可参详我在《日本中毒》中“恋物癖和制服的诱惑”一节中的说明。这次我刻意把焦点放在女性身上，因为一直以来在制服文化的范畴下，她们从来都好像沉默的羔羊，一直被男性物欲的投射所左右主导，俨然成为面目模糊的牺牲品，但显然那并非实相所在，她们肯定也不能摆脱“共犯”的身份，需要一起承担肩负起建构日本作为制服文明大国的责任。

■ 此所以酒井顺子在《制服概论》（株式会社文艺春秋，2005 年初版）中的自省，我认为不无参考意义。她省察个人的成长经验，也是一个逐渐由抗拒制服变成为拥抱制服的变化过程。作为处于反叛期的少男少女，反抗千篇一律的校服是理所当然的事，由把校服改装，到去不用穿校服的高中上课等等，可谓不同人都有不同的“抗争”历程。只不过长大之后回头一望，顿然发觉事情有另一面的意义价值存在。

■ 酒井顺子自言她作为出生于六十年代的一分子，可谓在一个非常开明自由的环境中长大。由家庭的教育方针，乃至由学校到进入社会工作，关键词从来都是开明自由。甚至毅然辞去公司的正职，改而变身为自由作家的流动身份，身边从来都不会有任何反论意见左右，委实可说是在受庇佑的自由环境中活动出入。但生活中的完全自由，有时反过来会令人感到不安——人处于自由的环境中，同时也必须承担因自由选择所带来的风险，其中的压力不可谓不沉重，偶尔也难免兴起不如由他人代劳的逃避心魔。此所以在生活中偶尔受到拘束或束缚，反过来会有新鲜的感觉。“我喜欢制服”又或是“我想受束缚”，虽然听起来有点碍耳，但也确实属于由心底里泛起的诚挚呼唤。

■ 她回想起以前不用穿校服的日子，每天净是考虑穿什么上学已累得要命：同一服饰当然不可连穿两天；而一旦与他人穿上相同的衣服，就更加尴尬非常，一定要小心刻意回避；而每晚上床前，更要大费周章

上野公园·休学旅行的高中生，2010.6

安排好起床后的配搭，随时因而导致要带着忧郁的心情上床去——简言之，明天穿什么上学好？大家很快就会发现其实是一场没完没了的噩梦。

■ 更重要的，是酒井顺子提及在毕业典礼上的回忆，她说到那一刻忽然惊醒，原来自己不再属于任何组织，其中象征性所带来的恐惧，才是最令人心寒的电击。对任何人来说，内心深处都不能抹杀希望和他人建立联系的欲求，而制服正好把这个欲求形式化地显现出来。我觉得她有一点可谓说得一语中的——她指出制服由一个人穿出来全无意义，它自身一定要由两人或以上共同披上身才可以完成身份指令。所以无论是从属于学校又或是公司，制服作为一项身份表征的寄托物，均可谓不可或缺，尤其是对她们成长于彻底自由环境中的一代人而言，那种说不出来的人际联系渴求，更加是人心深层最真实的写照。

■ 所以我很佩服酒井顺子的坦白诚挚，她有勇气去宣告可以放弃自由，乐于受制服的拘束，委实有一种甜美的感觉在内。这一种极为政治不正确的想法，尤其对成长及信奉自由文明价值的一代人而言，不啻为自我背叛的表态。只不过我正想借酒井顺子及刚才日本 OL 的例子，带出背后的爱欲诚挚的思考。是的，我们都会受不同的价值观念所支配而约制自己的行为，酒井顺子成长所接受的恩惠，显然不是每一位日本 OL 都能享受得到，但有趣的是无论处于哪一种成长孕育环境，到头来不期然还是对制服有一种莫名的情意在内，那正是由心底里涌现的诚挚心情，不以理性原则的意志规训而转移。而事实上，人性正好是充满矛盾的混合体，那才是我们乐此不疲的剖析对象；纠缠不清的复合人格，不正是研究的肥沃乐土吗？

# JAL：制服，让工作的人露出笑脸

撰文 | 陈鹏　图片 | 日本航空公司

1972 年 8 月，周恩来总理在人民大会堂，亲切会见中山真理等人。

■ 中山真理，黄色的毛衣开衫，与仔细挑染的一抹黄色头发呼应得刚刚好，看起来精气神十足，一幅只有盛大晚宴才配得上的利落打扮。不过，今天确实不是什么大日子，只是她数十年如一日的一个普通工作日。如果不是办公室里桌上、墙上的照片提醒，你很难猜到她的年龄。

■ “照片上那个小女生是您吗？”

■ 她狡黠地眨了眨眼，“你猜呢？”

■ 黑白照片上，是周恩来总理和少年时的她。慈祥的周总理，她的纯真笑脸，定格在中日邦交正常化前夕的那一刻，也让当年这位日本少女从此与中华文化结缘。多年从事中日贸易的她对两国文化有着自己的独特观察视角，民间而直白。说起日本制服，她的第一反应是《空中小姐》（スチュワーデス物语），一部从 1983 年起在日本东京 TBS 电视台播放的 23 集电视剧。

■ 现在看来，这无异于一部日本航空定制的形象宣传片。它改编自同名小说，作者是原日本航空社员深田祐介，曾获得直木赏。电视剧中，所有背景设定都是日本航空。当然，其中包括日本航空的全套制服。

■ “在日本年轻人看来，那是日本最高档的制服，”中山真理回忆说，“大家都非常羡慕穿上这样制服的空中小姐。”尽管这部少女励志剧已经摆脱了《绿水英雄》、《排球女将》等前辈们“奋斗为主、谈情为辅”的教条，着墨于准空姐松本千秋和教官，以及教官未婚妻之间的爱情戏，但直到今天，留给日本观众最深印象的，仍然是青春靓丽的空姐制服。

■ “日本是最重视制服的国度”——中山真理对这一说法不以为然：“是吗，我们没有感觉到呢。”从直觉来判断，她认定早期的制服和那段军国主义历史有关，“当时强调统一性、纪律性”，制服是这种政治气候的外在表现。从中日文化比较来看，她以为日本之所以给外人“制服大国”的印象，在于日本人过于自律，强调公共秩序，强调对职业的尊重，强调工作中的平等，制服的盛行，也是源自这样的国民性。

■ 她条理分明地解释着，如同她一丝不苟的个人形象。这，就是典型的日本人吧。制服的基因组成——严谨、周到与仪式感，和日本人的性格如此天然地吻合。

■ 为了解开“制服大国”的迷思，我们不妨穿越时空，回到江户时代，以最快的速度检阅日本的制服史。

第九代新制服以“信赖感和干练”为设计理念，采用了现代都市流行的灰黑色，用粉色、蓝色丝巾或借用围裙来调节，表现出明快和温柔的感觉。

JAL 各代制服合影

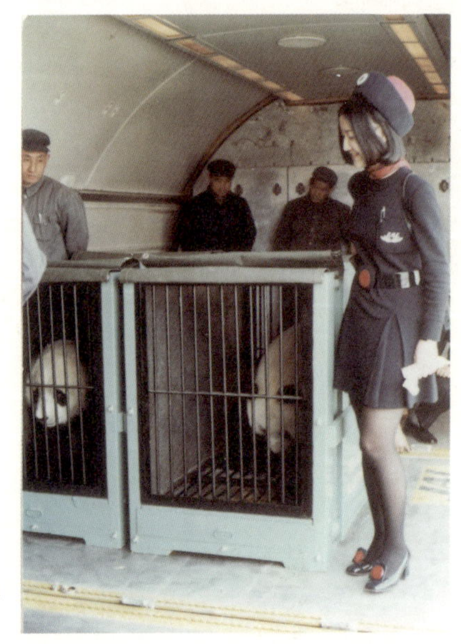

1972 年 10 月 28 日，为纪念中日邦交正常化，熊猫康康和兰兰搭乘日航专机来到日本。

**江户时代：**公元 6—7 世纪，商号、级别或行业制服拉开日本制服史序幕。广义说来，古代中国或古代日本朝廷官员依不同官阶所穿的礼服正是一种制服，天子祭宗庙时著用的衮冕也是一种制服。而宗教神职人员更是以服装来证明自己的身份。大商铺员工都穿染有“屋号”（Yago-／やごう）或“商号”（Sho-go-／しょうごう）的外衣，各类职业的职人也都有其固定的服装。甚至是幕府的下级武士公务员，他们穿的看似都是和服，其实也依所属部署及身分高低而有别，甚至可以看对方结在头顶的小发髻形式，而一眼分辨出对方是刑事警察还是保安警察。

**腾飞时代：**经济腾飞后 CIS（企业形象识别系统）的广泛引入，促使制服真正成为企业亮点。而使职业装的普及程度达到最盛的，则是在日本举行的两次世界性的重大活动——1964 年的东京奥运会和 1970 年的大阪世博会以后。日本制服以此为契机，开始普及渗透到各个行业，并且成为日本的一种时尚。尤其是随着日本经济的崛起，先进的经营治理和产品的优质化治理以及 CI 系统的融进，使日本的制服无论是从款式做工上，还是经营理念上都走在了世界的前列。

**泡沫时代：**上世纪 90 年代以来经济泡沫的破灭，也给日本制服文化带来了消极影响。幻灭后的 10 年被日本制服行业称为“失落的 10 年”，市场一直在萎缩。尤其是以金融机构为中心的各机构取消了女性职员的工作服后，使日本的制服市场受到打击。上世纪 90 年代前期，日本经济颠峰时期，制服销售额约为 7000—8000 亿日元，而目前日本的制服终端流通市场销售额已经下降到了 5000 亿日元左右。

**多元时代：**服务业引领制服回归，呈现多元、人本的发展趋势。日本的制服分为办公制服、工作服、服务业制服、白色制服、校服、运动服六人类。办公制服市场在日本经济泡沫幻灭后下降严重，特别是银行等金融业相继取消制服后，使相关生产企业受到沉重打击。最近一两年，日本办公制服市场有了复苏的迹象。服务业制服市场发展尤为迅速。由于服务业就业职员的增长，刺激了市场对制服的需求。餐饮业、娱乐业、美容美发业、售货业市场逐渐活跃，对制服行业来讲，无疑提供了商机。以东京三菱 UFJ 银行为代表的金融界已经开始恢复穿着办公制服。

■ 2006 年，在制服回归的浪潮中，一身日航空姐制服的上户彩空降富士电视台。时隔 22 年，日本航空以另一部“空姐剧”，再一次与大时代的音符合拍。剧中，这位来自北九州、身为摇滚乐队主唱、男孩子性格的“另类”少女，只因自己单恋的人说想看到她穿上空姐制服的样子，于是决心成为空姐。当然，不负观众们的期待，经历了来自同事、上司，和自己鲁莽性格带来的种种挫折之后，她最终飞上蓝天。奇怪的是，这部 11 集电视剧不叫“摇滚空姐”或“麻辣空姐”，而是名为《甜心空姐》。

■ 每集剧终，伴随着激昂的片尾曲，这位豪爽的空姐必然会出场展示日本航空第一代以来的空姐制服。日本航空 60 多年以来的九代制服被逐一演绎出来。

第一代 3号

设计师 门田稔

1952—1953［昭和28年6月-28年9月］

夏装：颜色为浅灰蓝色，两袖上有一条浅灰的线，镶有同色系和质地的纽扣三颗，左胸暗袋下部印有两翼标志。无领马甲，裙子前开衩，帽子的左前部有帽檐并带有银色的翼标志。

**JAL 大事记：** 1953.9.15/DC-6B 一号机纽约号抵达羽田机场。

**日本及世界大事记：** 1953.9/ 日本发布反垄断法。

第一代 1号

1951.8—1952.9［昭和26年8月-27年9月］

夏装：浅灰蓝色，质地为英国制羊绒，带有领子。上衣左胸的口袋上部别着 JAL 的胸章，短裙膝下 15CM 处小开衩。帽子没有帽檐。

**JAL 大事记：** 1951.8.27/ 乘务人员首次穿着本套制服在 DC-3 金星号飞机上飞行。

**日本及世界大事记：** 1951 年 9 月 / 签订对日和平条约、日美安全保障条约。

第一代 2号

1951.10—1954.5［昭和26年10月-28年5月］

冬装：颜色为空军蓝色，材质为藏青纱混纺毛卡叽。带领子，上衣、两袖各有深藏青色的一条线，前襟有三个金属扣，左胸的暗袋下部印有两翼标志。裙子前开衩，帽子的左前部有帽檐并带有银色的翼标志。

**JAL 大事记：** 1951.10/ 日本航空公司成立，资本金一亿日元。以 DC-3 型金星号（从菲律宾航空租赁）飞机启航，宣布公司开始运营。 1954.2/ 开设第一条国际航线（东京—旧金山）；美国明星玛丽莲 · 梦露乘坐日航班机初次抵达日本。

**日本及世界大事记：** 1951.10.25/ 日本战后国内民营航空第一次开始运营（东京—大阪—福冈）。 1953.5/ 英国登山队首次登上珠穆朗玛峰。

第二代

设计师 伊东茂平

1954.2—1960.8［昭和29年2月-35年8月］

颜色为藏蓝色，无领上装，左胸口袋下部有胸章，紧身裙前开衩。帽子有帽檐，左前部有银色的翼标志。从第二代制服开始冬夏兼用。

**JAL 大事记：** 1954.2.2/ 开通国际航线。1956.12/ 第一代货运专机起航（DC-4 机型）。

**日本及世界大事记：** 1957.1/ 设立南极观测队昭和基地。1959.4/ 日本皇太子与美智子成婚。

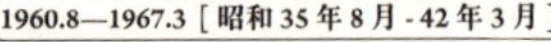

1960.8—1967.3［昭和35年8月-42年3月］

颜色为藏蓝色，无领上装，无胸袋，4 个金色纽扣，有胸章。大 W 领衬衫。帽子是当时送奶员式，1961 年 12 月变为头巾式女帽。

**JAL 大事记：** 1960.8.12/ 首架喷气式 DC-8 飞机开始飞行旧金山航线，因此相应地修改了制服。1966.6/ 披头士乘坐日航班机抵达日本，在武道馆公演。

**日本及世界大事记：** 1964/ 东京奥林匹克运动会开幕。

第三代

设计师 伊东茂平

第四代

设计师 森英惠

1967.3—1970［昭和42年3月-45年6月］

颜色为天蓝色，和服式样上装上有两颗纽扣，口袋开在两襟。左胸有珍珠镶边的鹤丸型胸针。帽子为碗型，有鹤丸型帽章。衬衫为圆领，裙子后开衩。

**JAL 大事记：** 1967.3.6/ 开设环游世界一周的航线。

**日本及世界大事记：** 1967.7/ 欧盟（EC）成立。 1968.10/ 川端康成获诺贝尔文学奖。

第五代

设计师 森英惠

1970.7—1977［昭和45年7月-52年9月］

藏蓝色迷你连衣裙配宽大红色腰带，左胸外口袋绣有JAL标志。短裙前面为纽扣，后面为拉链。第一次使用围巾。

**JAL 大事记：** 1970.7.1/B-747 巨型喷气式飞机首航。1976.7/DC-10型客机首航。

**日本及世界大事记：** 1970.3—9/ 召开大阪世博会。1972.11/ 中国赠送的大熊猫（康康和兰兰）初次在上野动物园亮相。

第六代

设计师 森英惠

1977.10—1987.12［昭和52年10月-62年12月］

藏蓝色连衣裙，镶有6颗金色纽扣，配有带扣的红色腰带，左胸外口袋的边上绣有JAL标志。帽子有帽檐，并配有帽带。有三种长袖衬衫（红白相间、蓝白相间、藏蓝）。

**JAL 大事记：** 1978/ 新东京国际机场（成田）开始通航。 1985/B767型飞机开始飞行国内航线。

**日本及世界大事记：** 1977/ 巨人队的运动员王真治创造了756次本垒打的世界纪录。1987/ 纽约股市大崩盘（黑色星期一）。

第七代

设计师 本井重信

1988.1—1996.9［昭和63年1月-平成8年9月］

颜色为藏蓝色，配有胸章的上装属于军服风格，为掐腰式的双排扣套装。下装为紧身裙，配饰有条纹衬衫、领带式丝巾。碗型帽子，宽帽檐镶边（附有鹤丸振翅的帽徽）。

**JAL 大事记：** 1987.11.17/ 日航完全民营化。1990.4/B747-400飞机首航。

**日本及世界大事记：** 1995.1/ 阪神淡路大地震。

第八代

设计师 稻叶贺惠

1996.10—2004.3［平成8年10月-16年3月］

一般乘务员：深藏蓝色，上装为单排扣西装，为镶有4颗金色纽扣和4个外兜的单排扣套装。上任乘务员：为米色双排扣套装，取消了帽子。

**JAL 大事记：** 1996.10.1/ 穿着开始配合季节分级。称呼由空中小姐变更为乘务员。对保持了26年左右的男士制服进行修改。

**日本及世界大事记：** 1997.7/ 香港回归中国。1998.2/ 长野举办冬季奥林匹克运动会。

第九代

设计师 稻叶贺惠

2004.4—［平成16年4月-］

女性：上衣为灰黑色单排扣西装，镶有三颗金色纽扣，有领子。围巾有三种（粉色、蓝色、绿色），上一代地面乘务员的围巾为两种颜色（藏蓝底白色、白底藏蓝色）。男性：深灰色单排扣套装。

**JAL 大事记：** 2002.10.2/ 日本航空公司（JAL）与日本佳速航空公司（JAS）正式合并为日本航空集团。2004.4.1/JAL国际线、JAL日本的飞行乘务员、地面接待员的制服同时更换。2007.1/JAL国内线引进“头等舱”。国际线引进“JAL高端经济舱”。

**日本及世界大事记：** 2004.12/ 印度洋大海啸，11个国家约30万人遇难。

■ 就在第六代制服发布时，刚刚大学毕业的井上浩一离开出生地东京，被日本航空分配到北海道的札幌机场工作。那时候，他见到最多的不是新换装的空姐，而是穿着厚厚制服、抵御严冬的地面机务人员。从札幌起步，他和众多日本同龄人一样，在终身雇佣制、年功序列制的传统轨道内，一步步走来。现在的他，是日本航空公司中国地区总务总经理。为我们复印好制服演变的相关资料后，他又不时起身上网为我们搜索照片。如同日本航空强调为乘客提供“以人为本”的服务，在井上浩一身上，没有太多经理人的架子，更多的是日航亲和力文化给每位员工打下的烙印。

■ 在经历了四代制服演变的井上浩一看来，日航制服不变的，是旨在充分向客人传递亲近感与亲和力，同时满足日常工作所需，便于行动，易于清洁，实用优先；变化的，则是顺应当时社会潮流的新细节、新设计。

■ “制服，让工作的人露出笑脸”，是日本业界对制服内涵的普遍理解，与此同时，他们还总结了八个词——“自豪”、“品位”、“快乐”、“服务”、“信任”、“安心”、“责任”和“清洁”，以说明制服在穿着者中的形象和地位。日本一位企业家曾经这样解释日本制服的生产经营秘诀，他说，做制服有三种境界：一是为了满足企业或者公司的形象而做；二是根据穿着者劳动环境的需要而做，真正为穿着者考虑，比如职业装需要具备舒服、易洗、易干、免烫等功能；三是能真正面对某类行业所面对的顾客，为他们服务。比如地铁行业，在日本做这种职业装的要求是：这种服装符不符合卫生标准，当地铁的工作职员穿上这种职业装后，乘坐地铁的人们知道是谁在为他们服务，他们若有了困难可以找谁。在日本，制服就是公司的广告。

■ 退后一步，观察制服背后的权力意义，我们见到的是整体，是个体对整体的服从。战后，日本经济从一片废墟中腾飞，保护劳工利益、强调劳资协商的“丰田模式”功不可没。这意味着，只要在一家企业工作的时间越久，得到的锻炼就会越多，学到的知识也会越多，能力也越强，就会为之逐年增加工资，保证终身雇佣。那时的人们用“阿信”般的坚韧和服从，将日本推向发达国家前列。

■ 制服兴衰，与日本经济的腾飞和泡沫遥相呼应。上世纪 90 年代以来，呼唤个体创新的互联网革命，在美国人的车库里酝酿着。T 恤配牛仔裤的科技新贵，悄然取代以加班和正装著称的日本上班族群体像，成为新时代的新偶像。曾经有效凝聚员工的终身雇佣制、年功序列制，渐渐阻碍着日本企业创新活力的迸发。重视员工利益、忽视股东权益的日企传统，又为日企董事会的短视求稳心态加上一枚重重的砝码。

■ 泡沫幻灭，终于在这时候发生，日航也受到这一轮衰退潮波及。2010 年 1 月 19 日，日本航空公司正式向东京地方法院申请破产保护，成为日本历史上第六大破产案。幸好，被誉为“经营之神”的京瓷创办人稻盛和夫，随即担起日航重建的重任。今年 4 月，日航换标明志，重新启用 1951-1989 年的红鹤标志，作为公司破产后“重生的象征”。尽管未得到公司确认，我们仍然可以想象，第十代日航制服并不遥远。

*感谢日本航空公司发言人叶丝涵的鼎力支持

# 四季写真:《记忆》 新津保建秀

书名:《记忆》
页数: 128 页
出版社: Foil
尺寸: 258 X 184 X 12 mm
出版时间: 2005 年 6 月
ISBN : 4902943050

摄影: 新津保建秀
艺术指导: 山本知香子

【春】
模特: 户田惠梨香
造型师: Takeda Toshio
化妆师: 石田贤治
【夏】
模特: 香椎由宇
造型师: Takeda Toshio
化妆师: 山崎聪
【秋】
模特: hanae
造型师: 北泽寿志
化妆师: 枞煽敦
【冬】
模特: 宫崎葵
造型师: 岛津由行
化妆师: 柘植伊佐夫

户田惠梨香、
香椎由宇、
hanae、宫崎葵,
四位少女的
身姿随着四季
斑斓一同摇曳。

户田惠梨香是樱色的春天,乍暖还寒;香椎由宇表情清冷,仿佛带有清爽感的夏天;hanae 那淡淡的倦怠感就像秋天,而冬天里的宫崎葵则满溢出独特的透明感和暧昧暖意。或在樱花下、或在红叶里,俯拾皆是少女们美丽而寂寞的韶华。纸上的少女在风景中,又在风景之外,这样的朦胧感,或许就是“记忆”吧。新津保建秀用他的镜头,构建起纤细的世界观,将怀念感慢慢浸透到读者的心里。

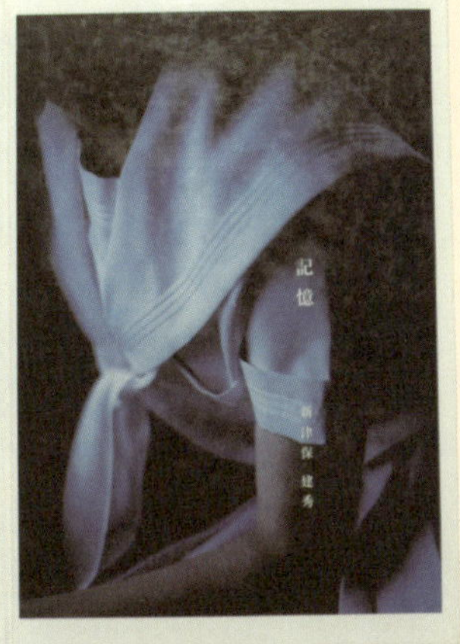
記憶
新津保建秀

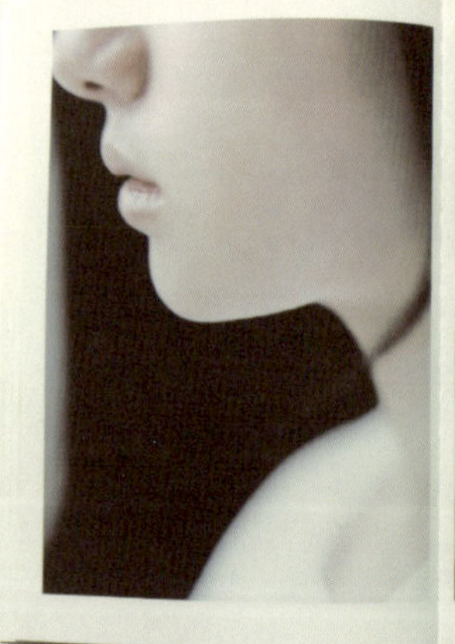

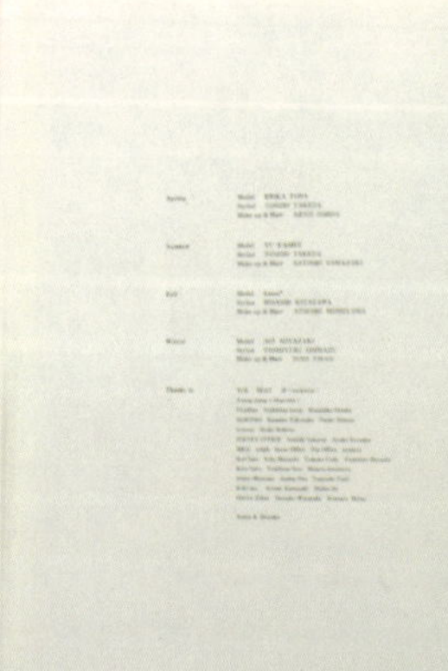

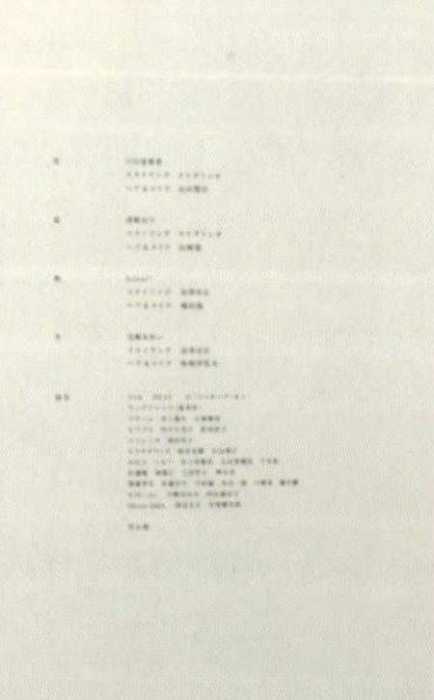

**摄影师 新津保建秀：** 1968 年出生于东京，1995 年开始作为摄影师广泛活跃于广告、音乐电视、日本国内外杂志领域。主要为杂志《Casa BRUTUS》、《rockin'on JAPAN》、《H》、《流行通信》、《SPUR》、《Purple》等摄影，曾在东京、名古屋、巴黎等地举办个展。

# 京都染织家

摄影、撰文 | 金晖

“将自然的颜色以及植物本身具有的力量引导出来，这就是我的使命。”

织染的女人叫足立真实，是京都一个著名的染织家。足立只染织蓝色的布料，并且线条全都是横竖搭配的方格，这是她的特点，也是她的追求。因为小时候在教堂里看到彩色的玻璃是梦幻的蓝色，从此她立志一生要追求这样的颜色。

**足立真实：**1967 年生于京都。1990 年毕业于京都精华大学染织系。1994 年师从染织家村上良子。

足立工作的房间是一个二层的小楼，是租来的，在京都的旧城区。房子很老，楼梯、门窗等各处都是歪斜的。整个白天几乎就是她一个人在这里干活，很寂静。

这是足立从秘鲁购回的蓝色豆子，用于熬制染料。

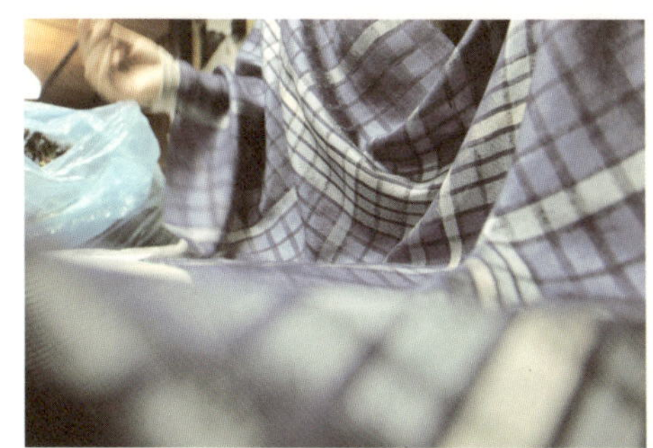

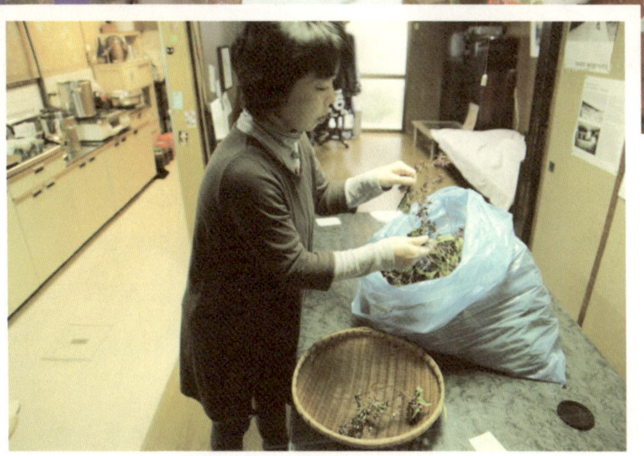

足立在把这些来自秘鲁的蓝色豆子摘下，然后将它们放在身后的锅里熬成蓝色的染料。

# 制服工厂 尾崎商事 & CONOMi

撰文、摄影 | 姚远 配合采访 | 矶村香 图片 | CONOMi、尾崎商事株式会社

素有“制服王国”之称的日本，各种职业制服的兴盛，实际上也就是最近半个世纪的事。20 世纪 90 年代，全日本每年的制服销售额，可达 7000 至 8000 亿日元。即使是在超不景气的现在，制服的年销售额也依然维持在 5000 亿日元左右。

制服中占有相当大比例的是学生制服（即我们通称的“校服”），目前，无论是国立、公立还是私立的中学（国内称“初中”）和高校（国内称“高中”），90% 以上都规定必须穿着校服。此外，日本文部科学省竭力推行教育改革，推广小学初中连读型学校，今后，日本的小学生也可能被要求穿统一校服。

近年，由于少子化和私立学校自主权的提高，再加上用户不同兴趣点的扩充，制服厂商不得不采取“多品种少量产”的对应，特别是强烈的不景气带来的降价风潮无法有效遏制，使得日本的制服行业面临着严峻的考验。在采取了国外生产，甚至国外销售等对策后，近两年来日本制服市场又开始有了些许的复苏迹象。

## 尾崎商事——日本学生制服行业最大厂商

■ 校服生产企业主要集中在日本中部的冈山县，尾崎商事便是其中之一。这家创业于 157 年前，设立于 82 周年前的老牌校服制造厂商，并非单纯进行制服、运动衣的制造，还以穿衣者的学生的视线，推进着各种各样的研究。以“心”、“体”、“时代”、“学习”等四个视点组成的“学生工学”为中心，对学生的体型等进行着不懈的调查，例如对穿衣者的紧张状态所进行的“紧张状态自由研究”等，在各种大学和教育设施的配合下，取得了丰硕的成果。

■ “kanko”，是尾崎商事的著名校服品牌，汉字写做“菅公”，这是源自日本人所熟悉的“学问之神” 菅原道真公的姓名。目前它在全日本的销售出货量雄踞第一位的宝座。学生制服与通常的衣服不同，要穿 3 年，对结实、不走形等质量要求较高。为此，尾崎商事频繁地进行研究开发，使得学生制服具有纳米防水、防止静电，以及抗菌防臭等基本功能。在此之上，还有不熨也不会走形的超形态稳定配置（正在申请专利）的、对应干燥机的学生制服；超弹力质地，使用低反弹棉的肩垫（正在申请专利）的、减轻拘束感的学生制服等等。

■ 越来越高科技化的学生制服，其背后所支撑的，是日本学生制服行业最大的生产体制。尾崎商事在国

内拥有 4 个可对应不同服装种类的自有资本 100% 的专业工厂和 13 个卫星工厂，1500 名员工奋战在学生制服行业的第一线。而 7 年前在上海所开设的工厂，也拥有约 380 名员工。这 5 个工厂，都得到了日本纤维产品质量技术中心（QTEC）的认证（其中上海工厂是海外的学校制服工厂里唯一被认证的）。而尾崎商事的公司职员，还被日本的厚生劳动大臣表彰为“现代的名匠”；位于仓敷工厂的“技术开发研究所”，每天都在进行着新课题的研究。

■ 从各所学校的考试合格发榜，到新生入学式，仅仅不到一个月的短暂时间里，要将崭新的学生制服送到全体新生的手中，这便是日本学生制服行业最大的制造商尾崎商事的社会使命。安心的生产体制、全日本配置的经营网点，成为短期内可以安全交货的保障。

■ 此外，上海工厂除了提供日本国内所需要的学生制服以外，还向上海进才中学国际部、上海华东师范大学第二中学提供学生制服。从今年 4 月起，上海日本人学校高等部也决定采用尾崎商事的制服，日本的制服文化，正因此而逐步走向世界。岁月流逝，20 年、30 年之后，依然能够留存着在人们的记忆中的青春证明——这便是尾崎商事想要创造的，真正的“制服”。

尾崎商事的上海工厂车间

尾崎商事制造的校服成品

## 制服是这样做成的

A. 质地的接纳 / 检查：检查购入的布料的颜色与手感等。

B. 喷雾：使用蒸气，将布料放入返还自然状态的机器中。

C.CAD ：使用电脑制作图形，进行造型工作。

D. 裁断：依照 C 制作的图形切割布料。现在大多以电脑自动裁断为主流。

E. 裁断品检验：布料切割后，检查布料有无受伤和颜色不匀等。

F. 粘着：为了制作不走形的衣服而粘贴衬布。

G. 缝制：使用缝纫机，将质地缝拢。

H. 中间检验：检查是否完美地缝合在一起。

I. 特殊：进行钉钮扣和打孔等手工作业和只有特殊缝纫机能够从事的工作。

J. 完工：使用加压和熨斗使制服完美地收工。

K. 最后检验：进行质量的最后检查。

L. 检针：通过检针器，看看是否残留有针。

M. 出货：送交商品。

**毕业典礼与学生装的第二颗钮扣**

三月，当绯红的樱花开遍扶桑大地，许多人，也迎来了最初重大的节目：毕业典礼。在日本，流传着毕业典礼后，将学生装的第二颗钮扣，送给某位心上人的风俗习惯，日本电影和青春连续剧中，往往可以看到这样的场面。这是日本的制服文化中所特有的行为。那么这种行为的认知程度究竟如何呢？为此，著名制服厂商尾崎商事，于今年 2 月，通过网络对全日本 433 名 20 岁以上的男女，进行了问卷调查，得出了以下有趣的结果：

对于在毕业典礼后，将学生装的第二颗钮扣送给某位心上人的风俗习惯，20 多岁至 40 多岁的人，有 90% 以上回答"知道"，40 多岁的人中，竟高达 97.2% ！

那么，真的给过心上人，或收到过心上人钮扣的，究竟有多少呢？最多的还是 40 多岁的，占 31.1%，20 多岁至 30 多岁的人，大约都在 20% 以上。

真的给过心上人，或收到过心上人钮扣的，这第二颗纽扣，是否留下学生时代难忘的回忆呢？无论哪个年代的人，回答"留下了难忘回忆"或"多多少少有些作用"的占了 80% 以上。

至于，为什么会有毕业典礼后要送给人，或者得到别人的第二钮扣的习俗，有以下 3 种说法。

A. 日本的学生服总共有 5 颗纽扣，它们分别代表：自己、最重要的人、朋友、家人，以及谜团。所以，第 2 颗纽扣代表最重要的人；

B. 第二颗钮扣所在的位置，是在最靠近心脏的地方，要想"抓住他的心"，就必须从喜欢的男生那里得到第 2 颗纽扣；

C. 男生的制服源于战争时期的军服。那时候年轻人也被强制送去当炮灰。与心上人的告别，也许就是永别，作为生命最珍贵的纪念，留下第二颗钮扣。在那个物资贫乏的时代，国家发的军服，第一颗钮扣如果丢掉的话可要命，而第二颗钮扣不容易被发现，敬礼时还可以用左手挡住胸前……

究竟哪个才是真正的源流？谁也说不准。可是，有关第二颗钮扣的珍重，有关对心上人感情的倾注，是没有变化的。但愿这么浪漫的文化能够长久流传下去。

**制服穿法研讨会**

制服的作用，除了具有安全性和能穿着三年的经济性以外，对于提高学生对学校的归属意识，使之酿造团结感和友情意识等至关重要。因此，制服的设计师，需要通过更加细致的制造精神，来反映制服所肩负的理念和感情，将校方对制服所托付的感情和意图完全融入制服之中。

20 世纪 90 年代以后，受社会风气的影响，将制服的裙子缩得不能再短，领口的周围的钮扣故意拆掉两三个或者胡乱打领带和蝴蝶结，或者故意将衬衫的下摆露出来，故意把裤子放得低低的，总而言之让正常的制服变得走样的现象十分突出。学生们可能觉得这样随意很潇洒，可是，制服是学校的象征，既希望能穿得漂亮合体，又要反映学校的精神面貌，老师们真是伤透了脑筋。

为此，日本的制服厂商，专门向各所学校派遣了拥有公司内部资格的职员，展开"制服穿法研讨会"。从专家的视线，来强调制服的意义和穿法的重要性。不是平素与学生们交往的老师，而是来自第三者的意见，学生们觉得颇为新鲜。有关研讨会的时间和内容，制服厂商与学校进行洽商，取得了颇为良好的效果。

**从反抗制服到制服创新的兄妹**

■ 能够成为“校服时装”领域的佼佼者，这恐怕是相浦兄妹当初所完全没能预料到的。出生于新泻县小小衣料品店的这对兄妹，从小就在家里做妈妈的帮手，向街坊邻居出售自家生产的围裙等商品。兄妹们上高中的时候，正值昭和 40 年代( 1965-1975 )，日本各地发生学园纷争，展开了废除统制象征的“校服”的运动，大家高呼“让校服见鬼去吧”的口号，穿着家里日常的服装到学校去。

■ 废除制服的运动让学生们争取自由的自尊心得到了满足，可是风平浪静之后，却又产生了“学校和家里没区别，真没劲儿”的后悔。有些学生家长拿着时装杂志找上门来，询问是否能够加工制作“既像校服又不是校服”的服装。就这样，“CONOMi ( 日语: 兴趣爱好的意思 )”诞生了。

■ 2007 年兄妹俩带着自行设计制作的“CONOMi”，惴惴不安地来到东京涩谷举办展览会，谁知来场者反映空前，仅仅 2 天，便销售出 1000 多套。这成功令相浦兄妹欢欣鼓舞，于是，2008 年 2 月 1 日，在东京年轻人云集的时尚名所——原宿竹下通，“CONOMi”的东京第一号店终于开张了。目前，该品牌在原宿、横滨、长野、新泻拥有 4 个常设店，而每逢旺季，还会在丸井等著名百货店里，加设 10 个临时销售店铺。从反抗制服到制服创新的兄妹，走出了一条独自创新的路。

帅气系的 ARCONOMi

**新品牌“AneCONOMi”的挑战**

■今年2月19日，在原宿“CONOMi”店的对门，新品牌“AneCONOMi”的旗舰店隆重开张。“AneCONOMi”的主题是“将制服作为起源，为大女孩设计的正统服装”，作为“CONOMi”的姐妹品牌，针对高中毕业后仍爱用制服的二十几岁的女生。真正的制服没法做太大的改动，所以高中毕业后作为日常服装穿着比较困难。所以便有了既留有制服韵味，在约会时、公司里也可以继续穿的新休闲风格服装的提案。

■本季“AneCONOMi”的主打商品，是粉色、水色等给人清爽印象的夹克上衣、裙子和短裤等。每件都在内衬、扣子等细微之处下了功夫，穿起来也十分舒适。穿上“AneCONOMi”的制服搭配丝巾、领带、长腰袜等点缀，可以演出您中意的既可爱又传统的“KAWATORA”风格。

■参与“AneCONOMi”的企划、设计的，是被称为“街拍之鬼”的著名时装设计师小山隆（Ryu KOYAMA）。他从1996年开始在涩谷街头做观察，15年间拍摄了近25万张街拍照片。千禧年开创了“涩谷电脑调查（Shibuden）”网站，月访问量超过30万人次。作为时尚专家，其预测流行的高精准度与透彻易懂的分析都受到了日本时装界的高度评价，经常受到各种媒体采访，还应邀多次在电视节目中出演。近年来，小山先生还参加日本经济产业省的振兴时尚产业出口项目，并担任时装评论员和视觉显示导演。

■小山先生告诉我们，日本的制服风时装已经超过了学校制定服装的范围，作为自由服饰的一种而被广泛认可。在没有制服的学校上学的学生，也可以选择“AneCONOMi”的服装，穿自己独一无二的“制服”上学。作为高中制服的延伸而诞生的、高中毕业后也能穿着的制服“AneCONOMi”，在日本制服和扮装之间画上了一条界线，也受到了来自海外的极大注目。

原宿 AneCONOMi 的店员

A.C
AhecoNoMi

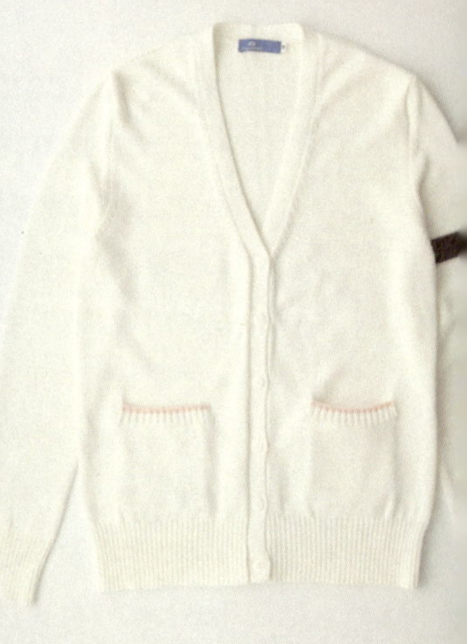

AneCONOMi 保留制服韵味的日常穿着

# 武士的“时装照”

图片 | Rob Oechsle 收藏　撰文 | Rob Oechsle　翻译 | 余铨斌

这不是真正的武士，这只是武士的影子。

## ▸ 江南信国——一个明治时期青年摄影师的自拍像 ◂

■ 上面两张武士照片的模特就是摄影师江南信国。当然了，他预先设计好了相机的位置和色调，他的夫人或是他的助手只需轻轻按下按钮，这组照片就完成了。

■ 江南信国在横滨的照相馆是在 1892 年成立的。他的照相馆为西方游客提供各种各样独具日本风情的传统服饰，让他们打扮得像个“日本人”一般，然后拍摄一组具有纪念意义的照片。一如在他最早的摄影集里写道:“这些作品献给所有渴望穿上日本服饰拍照的人。”

■ 似乎只有江南信国自己才懂得如何穿戴好这些武士的行头，去展现一个武士应有的形象。事实上大部分光顾他摄影馆的顾客，无论是男性还是女性，更多地会去选择更加生活化的和服进行拍摄。关于并不是出生于武士家族的江南信国是如何收集到这些复杂的武士服饰，我们无从得知，一如他的照相馆里其他光怪陆离的服装和饰物。

■ 事实上，江南信国在他去世以前已经是日本最重要的摄影师之一了，他的作品经过这些西方游客的手，被无数的人欣赏和引用。顺带一提，江南信国的曾孙现在还住在横滨呢。

## ▸ 甲胄与摄影 ◂

■ 这张是江南信国在 19 世纪 90 年代于横滨拍摄的照片，照片中自鸣得意的男性，并不是一位真正的武士，至少在他拍摄这张照片的时候已经不是了。19 世纪 70 年代，曾经作为这个国家军事、政治还有个体精神支柱的武士制度被废除后，真正的武士已经不复存在了。照片中的男子可能是一位模特或是江南信国的助手。还有一种可能是这张照片三四十岁模样的男子是在日本颁布武士禁令前最后一位武士，他穿戴上专属于自己的甲胄，拍摄出这张令人印象深刻的照片。同样可能的是，照片中模特的父亲是一位武士，而这身华丽的行头则是属于他们家族的。不过上述提到的可能性也都仅仅是猜测而已。

■ 当然了，在早期摄影师的作品里存在真正的武士。自 1854 年第一张武士的照片被拍摄以来，直到 19 世纪 70 年代武士禁令的颁布，有无数的武士照片被拍摄、展示和收藏，这些照片被用于外交渠道，被许许多多的人浏览，延绵至今日。

## 武士需要细雪！

■ 这幅照片是由著名摄影师 Felix Beato 拍摄的，他力图通过照片去呈现那个被明治天皇所废弃的武士阶层的形象。这同样是一幅展示早期日本摄影工作室如何营造雪景的照片的例证。

■ 在这幅照片中，摄影师 Beato 给我们展现了一位武士和他的侍从在冬雪中游走的场景，他用稻米和小麦粉拟作雪花，颇为生动。而在其他摄影师的照片中，这些飘雪则是通过棉花拟造出来。

■ 两位模特的穿着显得很特别，他们轻薄的衣衫显然在日本真正的隆冬里不敌寒风。侍从的衣饰则更为简单，那双草鞋明显不是为这个季节所准备的。

## 待战之魂——在照相馆里乔装的商人之子

■ 这是另一张拍摄于武士制度废除后的相片。照片中的男子穿上武士的服装，打扮成典型的武士形象去拍摄一系列的照片向西方游客兜售。照片中出鞘的刀以及额上的装扮充满戏剧想象，仿佛是战斗间歇的小憩。西方人对于武士这个已经不复存在的形象和精神充满了浪漫的想象，他们沉迷于与之相关的一切艺术品，照片、宝剑和甲胄都是他们所青睐的纪念品。有人说，那些模仿武士形象的摄影师和模特并不知道该如何正确地穿着这些服饰，一些专家更是指出这些商业摄影中的形象与真实武士相比存在大量偏差。但无论如何，西方游客关心的并不是这些照片的准确性，对于他们来讲这些老照片所呈现的武士形象的怀旧感和象征性就足够他们兴奋了。

■ 这种武士道的浪漫情怀如今仍经久不衰地呈现于诸如汤姆· 克鲁兹主演的《最后的武士》一类的电影作品之中。

## ▸明治时期的日式盔甲◂

■ 大部分展示武士和武士服饰的照片是拍摄于明治时期的，这张照片就是著名摄影师日下部金兵卫在横滨的照相馆所拍摄。

■ 当我向朋友展示这张照片的时候，他们总会问我："中间的那位武士为什么会在背后贴上一条棕色的尾巴？"这条"尾巴"实际上是他所持宝剑的剑鞘，剑鞘以皮毛装饰，确实像极了动物的尾巴，而这种形象也常常出现在这一时期的其他照片之中。

■ 整张照片里充斥着粉色、红色与蓝色，这些男人都显得那么时尚与妖冶，他们是真正的男人吗？有不少西方历史学家相信这些照片中的"男人"是女性扮演出来的。自美国人从 1854 年打开日本的门户以后，他们就从政治上和军事上对武士阶层的各类人物进行细致的调查，而他们得出的结论是这些武士在他们的言谈动作中透露出令人咋舌的柔弱和纤细。他们的服饰，他们的发型，他们的举止，都让人觉得是一群姑娘在挥舞着武士刀。

■ 无论如何，在这些照片中武士模特阴柔的形象多少掩盖了真正的武士凶悍和无情的战斗热望。

## ▸强势职业的高级时尚◂

▪这是日下部金兵卫的另一张作品——一个以江户时代武士之姿示人的男性模特，手持武士刀，头盔置在一旁，箭具则置在另一旁。弓与箭的捆束呈现出精致的序列，而在盔甲之下，“武士”所穿衣裳之华美炫目更是自不待言。

▪当时，某些阶层的武士似乎对于衣物本身的简单功用并不关心，他们在衣饰方面极尽奢华艳丽之能事。同样的趣味在相对粗野的大众群体中亦有体现。例如，据当时的一些史料记载，诸如赛马等体育竞赛的胜者竟不必是第一冲线者，所谓的“胜者”可能仅仅因为其服装华丽时髦而获胜，尽管他也许在比赛中排名第二、第三甚或最末位。

▪反观照片中的男性模特，隔着重重的妆容与衣饰，他竟显得更像一名俳优，而非一名真正的武士。

▸ 蓝色马蹄与变装骑士◂

■ 曾有上千个日本人观看过这张照片，却没有人能够说明白这照片是怎么回事。这张照片拍摄于 1920 年至 1930 年间，这无疑是对某种场景的重演——也就是说，照片中的骑士可能正要盛装出席某个典礼或集会，以纪念那“美好的古代日本时光”并向之致敬。只是这于我来说无论如何都显得过分铺张与浮夸，以致它基本上只能展现出当时武士将军（以及他们的坐骑）在服饰上的挥霍。

■ 我对于武士身后的巨大蓝色物体毫无头绪，它就像一个包着毛毯的大鸡蛋。而那三片金色的柳叶则仿佛专门为了在暴风雨之中捕捉闪电而设，我真希望他们出门拍照的当天是个好天气。

▸ 烧糊了的米饭——MAGURO 先生将如何处置他的前艺伎妻子？◂

■ 即使这是一个在照相馆内摆拍而成的场景，却很有可能映射着当时日本的真实生活或旧时代日本的某部戏剧、某个故事中的一幕。相片之中，年轻的武士似乎比他身旁的女性穿着更为体面，当然，他们的着装都不差——都穿着整洁的“足袋”——一种特殊的分趾袜。

■ 在当时，武士有权对任何一个较他下等的人施以斩首之刑——只要他们对他表现出不尊重或不服从。这里不需要法庭和审判官，每个武士就是法庭和审判官。

■ 尽管日本人似乎对过去的武士时光与记忆充满怀恋，但也有一群日本人并不喜欢武士。日本冲绳岛在历史上曾是独立的琉球国，但是在 1609 年，数千个日本武士驾船而来，大量地杀害冲绳原住民，并将琉球国王挟持到日本本土。当外国航海者遭遇船难停泊在冲绳海湾，淳朴善良的冲绳人总是竭尽所能予以援助，而武士们却总是意图杀害或追捕这些不幸的船员，无论是在冲绳岛上还是在日本本岛。冲绳人对武士的着装与风俗并无景仰，他们不断地期盼武士们的离开，而这种对武士的不敬态度又让很多冲绳人吃尽苦果。

▸纽约少女的媚眼◂

■终于，这里有张真正武士的照片，而它又如此不同寻常。通过这张 1860 年日本武士出访纽约的留影，我们将窥得当时真实的武士时尚。而相片中的西洋少女也向我们展示出当时富裕女性阶层最新潮的衣着风尚。

■ 武士绝不把身上的佩刀让与他人，尤其是女人。然而，照片中央那位年轻、一脸稚气的武士不仅放任这位西洋女性拿着自己的武士刀，还把自己的手搭在少女裸露的肩膀上，假如这张照片摄于日本，这位武士将绝对不会允许这样的场景被拍下来。

■ 翻阅摄影史，日本武士与美国女性的合影仅有两张，另一张摄于加州旧金山——那张照片上，著名日本武士福泽谕吉（1834-1901）端坐着，身旁则站着该照片摄影师 Mr.Shew 的女儿。因为福泽并不知道还有这张纽约照片的存在，他大概认为自己是唯一一个拥有这样一份美国纪念品的幸运儿。

# 侍魂：铠甲下的荣光

撰文 图片 | 杜文剑

■ 所谓“甲胄”，就是为防御敌人弓箭、刀剑、火枪等攻击利器而穿在身上的一种装束。裹住身体的部分叫“铠”或“甲”，戴在头上的叫“胄”或“盔”。

■ 日本的甲胄是针对上古以来的攻击武器和作战方法的改变而逐渐推演发展而来的。因此，在其创意和具体制作的方法上，有很多深深扎根于日本本国风土和由此而产生出来的民族性成分。日本甲胄的变迁史，按其主要的形态变化，大概可以分为三个发展阶段。

■ 第一阶段是从日本上古时代开始，经过飞鸟时期、奈良时代，直到平安时代前期。这是短甲和冲角形胄、挂甲和护眉胄及绵袄胄流行的时期，也可以称作模仿中国大陆甲胄的时期。

■ 第二阶段是从平安时代中期开始到室町时代末期的一段较长时间，是铠甲和星状头盔、胴丸、腹卷（围在腹部的铠甲）等四种纯日本式甲胄风行的时期。

■ 第三阶段是从室町时代到江户时代末期，即是所谓近世铠甲流行的时期。

■ 明治以前日本的军事装备，主要由保护躯干的甲（铠），保护头部的“胄（兜）”，“笼手”、“臑当”、“胁楯”等附属于甲胄的小具足，铠下着、阵羽织等装束，弓矢、刀剑等武器，以及军配、母衣、旗指物等诸多部分共同组成。在此之中，以覆盖胸腹的“胴”、遮挡胯部的“草摺”、垂于肩臂的“袖”等为主要部件的铠甲，和“兜”等小具足一起构成我们通常意义上所说的“甲胄”。

■ 以“胴”的形制演变为核心依据，日本的铠甲经历了漫长的发展历程，出现了隶属于亚洲札甲系统的“挂甲”、“腹卷”、“胴丸”、“腹当”以及受欧洲甲胄影响产生的“当世具足”六种主要类型。

■ 奈良时代以前，短甲、挂甲、绵甲、革甲这几种流行于亚洲大陆的铠甲类型都已经由朝鲜半岛传入日本，其中以短册形皮革或铁片连缀而成的札甲逐渐成为主流，并被冠以“挂甲”之名。挂甲分为方领式、盘领式两种，前者以一块胴甲包裹躯干，并在胸口正面以引合固定；后者胴甲分为胸背两块，并在两肋以引合连接，又被称为“两当铠”。随着国家律令的建立，唐朝式样的“两当铠”在令制中被固定为武官的标准装备，由朝廷制造并供给，唐样挂甲从而成为奈良及平安前期铠甲的主要类型。

■ 平安中期开始，武士势力抬头并逐渐取代朝廷武官掌握兵马实权。由于摆脱了令制的限制，并由武门自身根据武士喜好和战斗需要进行制造，甲胄、小具足、刀剑装饰等都开始脱离唐风桎梏，优雅、实用的和风武具开始形成。

■ 为防御弓矢与骑射进退的便利，武门对“两当铠”进行了一系列改造：将射向（左侧）肋下紧紧连缀为一体，在马手（右侧）肋下放置遮挡空隙的“胁楯”，在胸前悬挂可随身体活动保护要害的“旃檀板”、“鸠尾板”，将“草摺”分割为前后左右四块……这种骑射专用的和样两当铠，在骑射为主的源平合战与镰仓时代成为上级武士的正式装备，逐渐独占了“铠”这一称呼，又被称为“大铠”。与此同时，武门将方领式挂甲的引合移向右肋，不设大袖，并将草摺细分为多块，这样着用方便、适应步行和白刃战的“腹卷”

▶上杉谦信所用，上杉神社藏。
▶黑漆涂头形兜，铁板物三枚笠形护颈，吹返上绘有“五七之桐”，前立为瑞云上黄金日轮并刻有“摩利支天、日天大胜金刚、毘沙门天”三尊密教护法之名。
▶紫糸威伊予札五枚胴具足，附有面颊、筒臑当和置袖型笼手等小具足。

▶上杉谦信，越后守护代长尾为景之子，春日山城主，初名长尾景虎，后领受上杉姓与关东管领职，入道后号“谦信”。为匡正大义，先后与北条氏康、武田信玄、织田信长等激战，后世尊称为“越后之龙”，其中与武田信玄的五次川中岛合战最负盛名。

▶丰臣秀吉所用，仙台市博物馆藏。
▶六枚张椎实形兜，外植熊毛；下散式护颈上有菊花、桐纹等金时绘，并附有兜袋。前立与后立均为镶金箔军配团扇。
▶银伊予札白糸威胴丸具足，无袖，附有各种小具足。

▶丰臣秀吉，尾张农民出身，初名木下藤吉郎，投效织田信长后屡立奇功，逐渐成长为安土政权重臣，并始终被信长称为“猴子”。本能寺之变后，夺取织田氏实权并进而统一日本，以关白太政大臣的身份，建立桃山政权。晚年将官位让给养子秀次，自称“太阁”，并两次发兵朝鲜，妄图征服大明。

▶片桐且元所用，大阪市立美术馆藏。
▶熊毛植头型兜，板物四枚熊毛植护颈，眉庇上置镶银箔半月前立。
▶总黑熊毛植二枚胴具足，胴、草摺、笼手、佩楯、面颊等部位均植有黑熊毛。

▶片桐且元，浅井长政家臣片桐直贞之子，与石田三成等一起投效丰臣秀吉。贱岳之战中表现活跃，与加藤清正、福岛正则等六人并称“贱岳七本枪”。后因精于内政受到秀吉重用，委任为丰臣秀赖的师傅。秀吉死后，为丰臣家的安泰而奔走于丰臣、德川两家之间。大阪冬之阵前被怀疑内通德川而逐出大阪城，大阪夏之阵结束后 21 天为丰臣秀赖殉死。

▶德川家康所用，久能山东照宫博物馆藏。
▶铁地黑漆涂大黑天头巾形兜，板扎三段笠形与下散式两重护颈，实际着用时常添加齿朵前立。
▶黑糸威伊予札胴丸具足，茶糸素悬威草摺，附有各种小具足。

▶德川家康，三河冈崎城主松平广忠之子，先后做过织田氏、今川氏的人质，桶狭间之战后回归冈崎。与织田信长结盟，作为友军协助信长并抵御武田信玄攻势，期间改姓德川。后屈服于丰臣秀吉，转封关东八国，为五大老之首。秀吉死后，通过关原之战消灭对抗势力，建立江户幕府。死后被幕府奉为“东照大权现”。

▶前田利家所用，前田育德会藏。
▶炼革制镶金箔熨斗乌帽子形张悬兜，高近七十厘米；铁板物四枚日根野形护颈，并附有兜蓑，无立物。
▶金伊予札白糸素悬威胴丸具足，通体镶金箔，无袖，无小具足。

▶前田利家，织田氏家臣前田利昌之子，人称“枪之又左”。从小侍奉信长，与丰臣秀吉私交深厚。后积功受领越前府中城，协助柴田胜家经略北陆，与佐佐成政、不破光治并称“越前三人众”。桃山政权建立后，作为五大老之一，深得秀吉信任，实力仅次于德川家康。妻子芳春院阿松为战国三夫人之一。

▶榊原康政所用，东京国立博物馆藏。
▶铁锖地六十二间筋兜，板物五枚护颈，前立为镶金箔长钴剑，胸板上绘有榊原氏家纹“源氏车”。
▶黑糸威黑漆涂铁地横矧二枚胴具足，胴绘有龙、草摺绘有波浪，附有各种小具足。

▶榊原康政，松平氏谱带酒井氏的陪臣榊原长政之子，与酒井忠次、本多忠胜、井伊直政并称“德川四天王”。小牧·长久手之战中歼灭丰臣秀次率领的偷袭部队，斩杀森长可、池田恒兴。关原之战中随德川秀忠攻打真田父子驻守的上田城。江户幕府建立后成为上野馆林藩藩主。

▶黑田长政所用，福冈市博物馆藏。
▶黑糸威铁地横矧二枚胴具足，炼革制镶银箔一之谷形张悬兜，铁板物四段护颈，无立物。本为福岛正则所用，黑田长政以自己的黑漆涂大水牛胁立桃形兜与福岛交换而来。

▶黑田长政，“丰臣二军师”之一的黑田官兵卫孝高之子，早年随父亲一起侍奉丰臣秀吉。桃山政权稳固后，秀吉忌惮孝高之智，将其封于丰前中津，孝高随即隐居。秀吉死后，孝高准备趁乱夺取天下，但并未与长政商议。关原合战中，黑田长政策动西军小早川秀秋倒戈，奠定德川胜局，却断送了其父的野心。

▶伊达政宗所用，仙台市博物馆藏。
▶黑漆涂铁地六十二间筋兜，有“宗久”二字铭文。铁板物四段笠形护颈，吹返上镂刻梅钵纹，巨大的镶金箔弦月前立，作为伊达政宗的标志而极富盛名。
▶铁地黑漆涂五枚仙台胴具足，形制为伊达氏的仙台藩独有。

▶伊达政宗，出羽米沢城主伊达辉宗之子，幼年时一只眼睛因病失明，人称“独眼龙政宗”。以惊人的武勇和计略横扫东北，但在即将统一奥羽之时，被迫向丰臣秀吉臣服。关原合战中作为德川友军与上杉景胜激战，战后转封仙台藩，实力在诸大名中仅次于前田、岛津。

▶细川忠兴所用，永清文库藏。
▶黑漆涂越中头形兜，板扎四枚革包护颈，附有兜袋，使用山鸟尾羽为头立。
▶黑糸威革包畦目缀横矧二枚胴具足。

▶细川忠兴，室町幕府将军足利义辉家臣细川藤孝之子，其父倒向织田信长后，迎娶织田重臣明智光秀之女玉子为正室。本能寺之变后，并未追随岳父，反而将玉子囚禁并进攻明智军据点，玉子皈依基督教后又下令禁教。关原合战前，石田三成要求诸大名送出人质，玉子为断绝丈夫后顾之忧而自杀，细川忠兴悲愤之下加入东军，战后成为丰前小仓藩藩主。

▶直江兼续所用，上杉神社藏。
▶筋兜，古式三枚笠形与板物六段日根野形二重护颈，为上杉家独有护颈形制。前立为瑞云上“爱”字，代表爱染明王。
▶立举部镶金箔赤糸毛引威、长侧黑漆涂浅葱糸素悬威的段替二枚胴具足，多种札形与色彩并存。

▶直江兼续，越后阪户城家臣樋口兼丰之子，被上杉谦信指定辅佐上杉景胜。谦信死后，帮助景盛夺取家督之位，不久继承名门直江家。本能寺之变后说服景盛与丰臣秀吉结盟，不久正式臣服并成为五大老之一。秀吉死后，与德川家康激烈对抗，反驳家康指控的“直江状”极富盛名。有“文物两兼”的美名，与伊达政宗家臣片仓小十郎并称“天下第一陪臣”。

形成，成为步卒的主要装备。

■ 镰仓后期开始，出现了在“腹卷”基础上进行简化、仅仅覆盖胸腹正面的“腹当”，以及在腹当基础上向背后延伸，在背后中央以引合固定的“胴丸”两种新型铠甲。随着战场由平地向山岳地带扩展，以及太刀、薙刀等刀剑的发展，增加大袖的“腹卷”、“胴丸”开始逐渐被上级武士所采用，成为步骑两用的轻便型铠甲。

■ 室町中后期，以骑讨为主的传统作战方式逐渐被集团化作战取代，笨重僵硬的“大铠”开始退出战场，“腹卷”、“胴丸”迎来了作为上级武士正式装备的全盛期。同时从这一时期开始，由于上级武士对背割式铠甲的偏爱，“腹卷”与“胴丸”的名称也发生了互换。

■ 进入战国时代，由于长柄武器和集团作战的发展，特别是中后期铁炮与欧洲甲胄工艺的传入，日本甲胄的形态开始产生巨大的进化，强调实用性的“当世具足”逐渐出现。在札甲系统内，除了平安中期以来长期使用的“本小札”之外，“伊予札”、“切付札”等新的札形出现，二革一铁交替的传统形式逐渐让位于纯粹的铁札；南蛮文化传入后，多块铁板连缀的“纵矧胴”、“横矧胴（桶侧胴）”，用两块铁板整体打造的“仏胴”、“南蛮胴”陆续出现，板甲最终取代札甲成为铠甲的主流。在通过胴的进化大幅提升铠甲防御力之外，战国武将还通过增加面颊、喉轮、佩楯等小具足，将甲胄的保

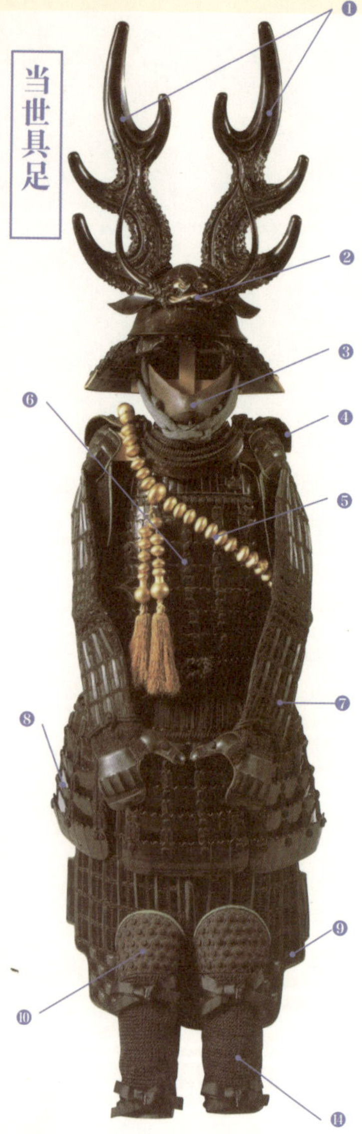


**赤糸威大铠（武藏御岳神社藏）**／在连缀札片的绳线中，将札片横向连缀为札段的称为“绒”，纵向联结札段的称为“威”。在使用本小札的日本传统札甲中，札片基本上被威毛覆盖。也就是说，大铠、胴丸、腹当、腹卷的颜色，实际上是威毛的颜色。传统札甲多使用红、白、紫等颜色的威毛，命名时多注明威毛颜色，同时使用三种颜色以上的威毛，就称为“色色威”。用绢麻棉等材料制成的绳做的威毛，一般被称为“糸威”；用皮革条做成的威毛，一般称为“韦威”。这个名字的具体意思就是，使用红绳做威毛的大铠。

❶ **严星兜**／星兜主要分为严星兜、小星兜两种。前者主要流行于大铠全盛时期，即平安· 镰仓时代；后者和筋兜一起流行于室町时代。

❷ **眉庇（兜檐）**／于兜的正前方设置，主要用来遮阳、保护额头和眼睛（防弓矢）。

❸ **据文金物（金属装饰物）**

❹ **吹返**／日本独有，是战国中期以前中世甲胄外观上的主要特征之一。

❺ **护颈、杉形护颈**／杉形护颈多用于平安· 镰仓时代的严星兜上。

❻ **冠板**／日本铠甲上有各种“板”，都是在整体的铠甲之外单独设置，用来保护身体某些部位的甲片。

❼ **化妆板**／“袖”通过这块板与“胴”相连。

❽ **旃檀板**／垂于右胸，在策马和引弓时可以随身体移动，保护右肋。

❾ **鸠尾板**／垂于左胸，在引弓射箭时可以随身体移动，保护心脏。“旃檀板”、“鸠尾板”是大铠独有的，最明显的外观特征，和吹返一样专门为应对弓矢而设置。

❿ **大袖**／“袖”的一种，主要流行于平安· 镰仓时代。后来袖不断缩小，室町时代开始流行“壶袖”，战国以后则为“当世袖”。

⓫ **胁立**／大铠独有，设置在右肋，遮挡因设置引合而露出的空隙

⓬ **弦走**／大铠正面用整片皮革覆盖，以加强防御力。

⓭ **前草摺**／大铠都是四间草摺，即草摺分割为前后左右四部分，分别为“前草摺”、“后草摺”、“射向草摺”、“马手草摺”。草摺分割越细，越便于步行和白刃战；分割越少，空隙也就越少，防御性更高。大铠作为骑射专用铠甲，仅将草摺分割为最少的四份。

⓮ **射向草摺**／即左侧草摺

**黑糸威二枚胴具足（本多隆将所有）**／使用黑绳为威毛的二枚胴具足。二枚胴，即类似大铠那种两当铠的当世具足。以这种命名方式区分，大铠为二枚胴，腹卷、胴丸、腹当均为一枚胴，当世具足则包含一枚、二枚、五枚、六枚等多种。本多隆将是本多忠胜的后代。

❶ **胁立**／巨大的鹿角形胁立，是本多忠胜的标志。

❷ **前立**／当世具足经常同时使用多种立物。

❸ **颊当**／面具和颊当又合称为“面颊”。当世具足比传统札甲增加了很多小具足，对身体各部分的空隙进行保护，向欧洲全身甲方向靠拢。

❹ **小鳍**／和面颊类似的小具足，保护背部上沿。

❺ **念珠**／象征佛教信仰的装饰物。

❻ **本缝延伊予札胴**／传统札甲全部使用“本小札”，札片基本被威毛覆盖，铠甲表面看起来像毛衣一样。战国以后出现的“伊予札”，札片变大并能显露在外，铠甲颜色主要由札片颜色决定。伊予札又根据“绒”的不同，分为“缝延”、“本缝延”两种。

❼ **笼手**／笼手是保护手臂的小具足。传统札甲的时代也是用笼手，但因为大袖的存在，笼手大多只覆盖小臂外侧，不和胴相连。大袖对白刃战很不利，所以当世具足只用很小的当世袖，或者干脆不用袖；相对的，笼手逐渐变成包裹整个手臂护具，存放时大多和胴连在一起。

❽ **草摺**

❾ **佩楯**／佩楯是垂在大腿前面，保护大腿和膝盖的小具足。

❿ **立挙**／这里的立挙，是臑当的上端，保护膝盖用的。

⓫ **臑当**／保护小腿的小具足，传统札甲时代就已经出现的小具足。

胴丸

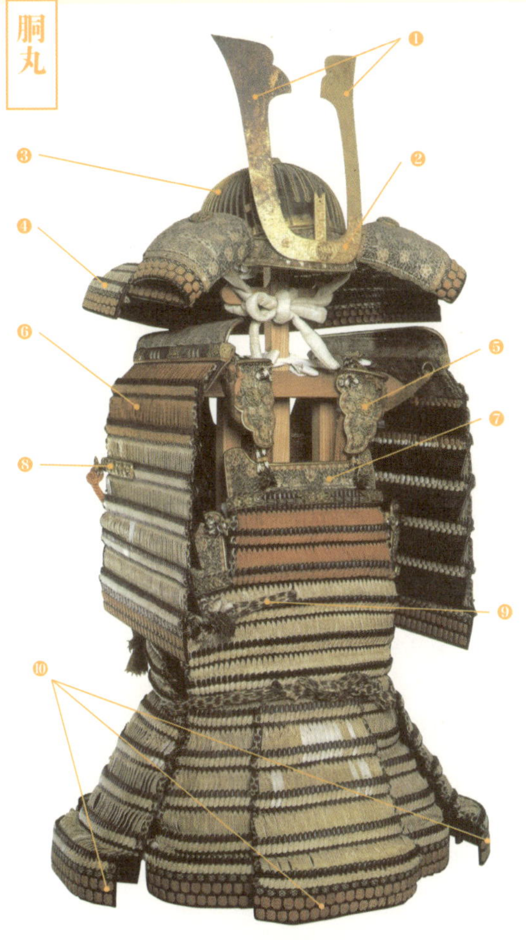


腹卷

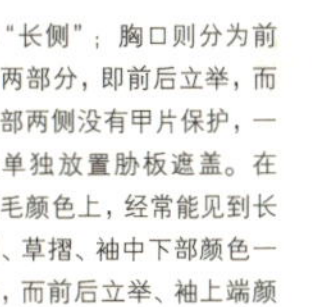

**黑韦威肩白腹卷（金刚寺藏）**/长侧、草摺、大袖中下部使用黑色皮革为威毛，前立举和肩部使用白色皮革为威毛的腹卷。

❶ **前立举**/"胴丸"和"腹卷"是一枚胴，腰部本身是连在一起没有切割的，称为"长侧"；胸口则分为前后两部分，即前后立举，而胸部两侧没有甲片保护，一般单独放置胁板遮盖。在威毛颜色上，经常能见到长侧、草摺、袖中下部颜色一致，而前后立举、袖上端颜色一致的情况。

❷ **长侧**

❸ **胁板**

❹ **胸板**

❺ **草摺**/腹卷的草摺多为五～七间，此图中为七间草摺。

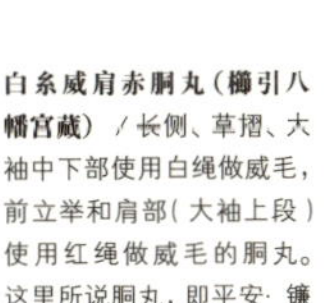

**白系威肩赤胴丸（櫛引八幡宫藏）**/长侧、草摺、大袖中下部使用白绳做威毛，前立举和肩部（大袖上段）使用红绳做威毛的胴丸。这里所说胴丸，即平安·镰仓时代所称的腹卷。

❶ **锹形前立**/立物分为"头立"、"前立"、"后立"、"胁立"四种。中国和欧洲古代战盔大多使用头立，即头顶设置立物装饰，日本却基本不用头立。战国以前，武士一般不用立物，仅军中大将为表明身份而使用锹形前立；战国时代以后，特别是织丰时代，武士普遍使用华丽夸张的立物，成为当世具足外观上的主要特征之一。

❷ **锹形台**/锹形前立的根部，与兜钵链接的部分，般有复杂的花纹。

❸ **筋兜**/室町时代主要流行筋兜（包括阿古陀形筋兜等分支）、小星兜等，尤以筋兜为主。

❹ **笠形护颈**/室町时代的筋兜上多用斗笠形护颈。

❺ **杏叶**/胴丸和腹卷肩部连接用的绳结在两肩的前方，室町时代产生了覆盖在绳结之上装饰用的杏叶，上面一般有复杂华丽的花纹。

❻ **大袖**

❼ **胸板**/位于前立举上方，保护胸口的胸板。

❽ **笄金物**/簪子形的金属装饰，多用在大袖上。

❾ **引合**/"引合"可指把东西系在一起所打的绳结之类。"胴丸"与"腹卷"的主要区别，在于一个引合在身体正面右侧，另一个在背后正中央，这两种铠甲的名字在室町时代还发生了互换，需要格外注意。

❿ **草摺**/"胴丸"的草摺多为八间五段。

护范围扩展至全身，逐渐向欧洲全身甲胄靠拢。

■ 在实用性之外，战国武将特别重视提高自己在战场上的威慑力和可辨识度，包括对比度强烈的铠甲色调、独特的家纹、华丽的马标和阵羽，而其中最具冲击力的就是兜的夸张化。兜钵方面，在平安·镰仓时代盛行的"星兜"和室町时代盛行的"筋兜"之外，唐冠形、南蛮形、帽形等诸多新形态同时存在，兜钵极力夸张变形的"张悬兜"也逐渐出现。立物方面，中世仅用锹形前立标识主将身份，而战国武将则普遍使用各种夸张的前立、胁立、后立；与兜钵和立物的夸张化相反，作为中世甲胄重要标志的"吹返"却逐渐消失。

■ 江户幕府建立后，日本进入长期稳定和平的时期，当世具足的实战意义逐渐消失。受到武家故实研究的影响，传统的"大铠"又重新复活，故意设置刀痕和铁炮弹痕的"样具足"也一度流行。明治时代，日本进行了彻底的身份制度、军事制度改革，甲胄在士族反乱中短暂现身之后，最终随着西乡隆盛的自裁而彻底退出了历史舞台。⊙


※ 参考文献

《甲胄》，尾崎元春，中野政树，东京：东京美术，1971 年出版

《图说·战国甲胄集》，伊沢昭二，东京：学习研究社，2003 年出版

《有识故实图典：服装与故实》，铃木敬三，东京：吉川弘文馆，1995 年出版

# 剑道：勿忘初心

撰文、摄影 | 章小强

■说起剑道，我们总是会想起漫画人物“浪客剑心”，或是一代“剑圣”宫本武藏。

■追溯剑道的起源，我们发现“剑道”一词最早源于中国。早在两汉时期，中日即有兵器及冶炼铸造技术的交流往来。同时中国一脉相承的双手刀法在隋唐时期流传到了日本。传至日本的刀法经过日本长年的战争岁月不断演变，在日趋稳定的日本江户时期，形成了剑道护具与竹剑的基本形制，确立了日后体育剑道的雏形。

■剑道之于其他体育项目的不同，以及贯于其中以其精神生命形态而存在着的文化理念和涉及的历史，需要严谨的考据，也须从哲学、人类学的范畴来加以考察。

■历史创造的全部文化精神以不同于遗传的形式保留下来，一个在历史上原本属于“闭关锁国”，而进入近代以后却又以“兼收并蓄”闻名于世的民族，将它的传统标记——剑道，推向世界之时，我们不难观察出，这种向世界开放的进程正体现了人自身的自由创造性。

■作为一项传统的贵族运动，日本社会剑道的佼佼者，多集中在白领阶层。剑道运动在中国内地的引入，迄今为止仅有几年的时间，尽管其传播远不及柔道、空手道等武技广泛，但却有这样一群剑人，他们或是朝九晚五的上班族，亦或是在校学生，他们带着各自的理由，走进剑道馆，穿上道服，拿起竹剑……

■2009年8月杭州剑道协会成立。至今，该协会仍没有自己的剑道馆，租用一所小学体育馆四楼的羽毛球馆作为该协会的日常活动场所，一周组织三次练习。协会在豆瓣网上开设了小组，定期发布训练通知，向公众提供免费的体验活动。

■不少剑道爱好者正是通过这些体验活动走入了剑道。很多人一看到师兄师姐身着剑道服、挥打竹剑的潇洒身姿，就立马被吸引，决定入会，购买一批装备。然而剑道的修行是漫长、枯燥且单调的。同样的动作，周而复始地不断练习，从入门到练了几年，甚至几十年之后，重复的依旧是同样的动作。所以会员坚持的时间长短不一，有的来过几次就不见了踪影；有的来一阵，消失一阵，又会重新出现；也有一些一直坚持了下来。协会一周三次的练习，多的时候有三十几人，最少的时候只有一个人。

## ▸勿忘初心◂

■程杨，是一名日语学校职员。他的同事恐怕不知道他的另一个角色是剑道协会的师兄，他还负责剑道协会在网络上的宣传，不少会员就是通过他在豆瓣上发起的剑道体验活动才真正接触到了剑道，前来体验的人也都是程杨接待。他与其他几位资历较深的师兄轮流带新入会的学员学习。

■由于不满足每周三次、每次三小时的练习，程杨有个外号叫“欲求不满”，经常邀上好友，在规定的练

击面练习，举剑。

中段对峙

正座状态听课，要求将竹剑摆放在自己的左侧，保持正座姿态，禁止交头接耳。

习时间之外加练，所以他也是进步最快的一个。

■ 对于程杨来说，练剑道的时间长了，如果仅限于研究如何更好地打到对手的“面”，更好地取得所谓的“一本”（剑道运动中，击中对手有效部位，取得有效得分），便失去了练习“剑道”原本的意义，毕竟当初喜欢剑道的时候，丝毫没有“一本”的概念。一旦发现自己过于执着于“一本”，那么就要停下来，回顾一下自己练习剑道的初心，“我爱的到底是剑道的什么？”

■ “如果你要问我，我心中剑道的意义究竟是什么，那么我只能告诉你，我只能在去世前回答这个问题，因为我需要用一生去体会。”

■ 在练习剑道的过程中，程杨也接触到了一群志同道合的人。大家因为剑道走到了一起，共同经历着练习剑道的必经阶段，分享着其中的酸甜苦辣，于是剑友之间的感情也非同一般。

## ▸ 生命的鲜活 ◂

■ 陈丽君，在剑道协会外号“女王”，她的本职工作是杭州一家百货公司市场部企划。在 26 岁的年纪，在依稀的懵懂和热切似乎在逐渐远去的阶段，她说她从来不觉得精神空虚，只是比较沉默而已。从前，当她的朋友跟她说需要寻找一个精神寄托的时候，她并不以为然。但她冷静下来回想自己的生活时，发现似乎说不上什么事情是自己特别喜欢做的，一切都可有可无。女王师姐意识到这样的生活是贫乏的，什么都不在意的背后是心灵冷漠的回音，“怎么可以容忍自己变得如同一颗石头一样，冰冷而没有丝毫的热情”。一次在豆瓣上闲逛，女王师姐“遭遇”了剑道。

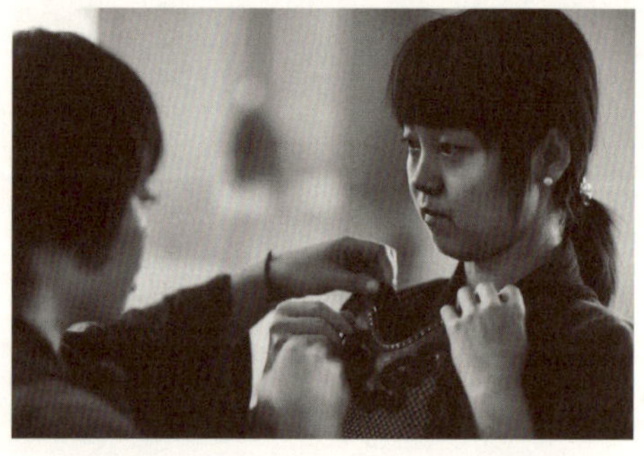

前辈帮助后辈调整“胴”的穿戴。

穿戴护具“胴”。

■ 在一次体验活动后，女王决定加入了这个组织。“没有那么多冠冕堂皇的理由，我只是恰好需要它，于是它出现在了我的生命里。”她每周三次练习，周三、周五 18 点下班后，坐公车赶往在城市的另一端，从 19 点半训练到 21 点半，周日的下午她会放弃和朋友的娱乐活动或是下午觉的时间，出现在剑道馆里，进行三个小时的练习。

■ 然后她发现，剑道这项运动与她的身体、性格和思想有着众多的重叠和矛盾。每次在训练中，即使身体到了极限，即使被打得很疼，摔倒在地上，女王也没有中途放弃。坚持下来后，虽然疲惫不堪却也有着深深的满足感，在那一刻她战胜了自己。“这是一种撕裂的快乐，痛也好，累也罢，愤怒也好，难过也罢，让我义无反顾地去拼击、去搏杀，我需要这些强烈的感知，让我感觉到生命的鲜活，不管什么原因，我想我不会轻易放弃。”

新人学习戴头巾。

戴面

跳跃摆振练习。

■ 一个 26 岁的姑娘，当周围的亲朋好友都在诉说着生活的艰辛、生活的现实，她坚强地寻找着属于自己的爱情，努力地生活，用心地练剑。她说："我们需要倾听内心的声音，勇敢地做自己想做的事情，有一天我们会发现结果不是那么重要了。人生的旅途很漫长，每一份经历都会是一笔财富，都值得我们感铭在心。"

■ 然后，还有更为广阔的碧海蓝天，寻找属于自己的碧海蓝天。

■ 追逐更高、更快、更强的竞技目标，并非任何一项体育的唯一宗旨。体育是追求人类自身价值的实现，显示人类不屈奋斗精神的战场，由此展示的人类美德才是它真正的内涵。从战斗中脱胎而来的剑道运动，作为一种个人对抗性竞技体育，更是人类奋斗的困苦缩影，它昭示了人类对和平的不懈追求和对战争的唾弃。这种超越阶级和地域，与强者之间展开的能力和精神的平等较量，更是任何一个欲崛起的民族所必须具备的品质。

# 你不是女番长:<br>制服飞女的银幕反抗

插画、撰文 | 擦主席

■说到制服，想起在初中时候，看山口让司的《正义天使》。里面有一个女老师与女学生单挑的桥段，女老师换上了她年轻时代飞女的装扮，短上衣长裙，腰间露一抹风情，脚踩球鞋，大不同于短裙丝袜的电眼美少女。彼时我虽年少无知却也觉得那扮相器宇不凡。后又有高桥留美子一系列长裙校园范儿漫画，更坚定了我对长裙范儿校服的追捧。

■战后日本，当女子职棒铁腕丽人投出第一球的时候，美占带来的女权主义正迅速崛起；而60~70年代风起云涌的反安保运动，以及轰轰烈烈的反涨学费和学生权益的大学斗争，对日本当时和后来的文艺创作均有深远的影响。无论是漫画电影还是小说诗歌，都深受其影响，抹上一色黄金年代的灿烂。

■60年代中，美军对日本的文化管制渐松，对一度严禁的复仇类型电影解禁，以此契机，加上70年代初日本电影产业的萧条，导致的粉红电影的兴起(这些 soft-core的粉红电影在71年甚至占到日本电影总产量的四成)。任侠、复仇女、带枪女、惩罚复仇题材，结合当时的时政，花样翻新，大行其道。其中融合女权上升和学生运动之大成的则正是铃木则文和志村正浩的《恐怖女子高校》系列。

■《恐怖女子高校—私刑教室》集结了全日本众多不良少女头目的恐怖女子，在希望学园中担任风纪委员长的野坂洋子(衣麻辽子／饰)更与教头石原千太郎(今井健二／饰)沆瀣一气，带领风纪委员会在校内掀起血雨腥风，伤害死亡事件时有发生。

■不久三名学生转入希望学园，其中风间典子(杉本美树／饰)正是为了替被风纪委员会逼杀的好友报仇转来这里，而她的宿敌多岐川美纪(池玲子／饰)亦尾随前来。得知典子的心情，美纪暂时放下恩怨，与之联手共同对抗野坂和石原一众。她们联合独立记者，披露了石原与市议员勾结出卖学生的丑闻，此举惹怒学园理事长佐藤茂(金子信雄／饰)，并由此引发一场巨大的学园大对抗，最终以女权式的惩罚教训了佐藤茂等人，在军警的水枪瓦斯中抵抗到最后。

■本片中与代表校方利益的风纪委员会对抗的情形，与当时的现实社会是相对应的，60年代末，日本大学的学生运动，从一开始就是流血抗争。日本大学有体育的传统，学生中所谓“体育系学生”——即拿体育奖学金的学生较多，而这些学生的利益是和校方一致的，所以“体育系”和“全共斗”不断发生流血冲突。但是虽然有校方的支持，“体育系”学生却占不了上风，这是因为时代不同了，日本已经进入了全面学生运动的时代。而本片最后与军警对抗的画面完全是历史的再现。

■这个路子与文化的基调，影响了一代又一代的漫画家和导演，甚至高桥留美子的《乱马1/2》还有《战国学生会》等诸多校园题材的主流漫画都深受其影响。

■《恐怖女子高校—不良闷绝》更堪称经典，其中池玲子的演出更是精彩。私立女子高校圣爱学院有两个对立班

级，一个是代表精英的3年a组，成员都是各大名流之女；另外一个3年d组多是战后美占日时期的混血儿，皆是娼妓舞女之女。红蔷薇会初代番长进军歌坛后，新番长野中鹰子（池玲子）掌管红蔷薇会；其父被与学校勾结的财团暗害后，野中鹰子被迫从a组调动到d组，并发现所谓精英的红蔷薇会并不真正是正义之士，所谓精英都是仰仗父辈的不良所得而得到的虚伪名号。于是野中鹰子聚集d组众女组成了恐龙会与红蔷薇会对抗。

■ 在对父亲死因的调查过程中，野中鹰子最后查出了害死父亲的是勾结美军倒卖军火毒品的幕后黑手。在美军仓库门外的大雨中，野中鹰子身着长裙制服，手持冲锋枪，在其疯狂的扫射中全篇结束。

■ 粉红与暴力电影的内容大家如果熟览几部自会熟稔，而其中以女性为主角的经典之作，除了恐怖女子高校系列，还有女囚系列和女番长系列。而这些系列贯穿始终的池玲子、梶芽衣子、衫本美树，也成为了时代的宠儿，名噪一时。而女性的独立和带有日本式的耻感、侠义，与男子汉的任侠之道相应的女子豪杰之道，大概真实存在的也如电影一般吧。

■ 献恐怖女子高校主题画稿两张，与诸君共享。

# 奇袭！萌娘们

撰文 | kotori　摄影 | 杨弘迅

■“萌”一词在日本ACG界流行并蔓延开来，似乎就在近十年间，以“萌”为主调的动漫、游戏及轻小说作品在市场中一派繁荣，一季又一季地刷新着御宅经济的景气指数，考验着动漫消费者的荷包。而曾几何时制霸人气榜单的热血类题材，就在这股软力量“润物细无声”般的作用下分散和稀释了。

■是男性向消费口味的改变，还是流行文化改朝换代的必然走势，亦或是这个“地球是平的”网络时代造就的昙花一现式的话题现象，最终将“萌”从萌发推到兴盛，使这一概念不再囿于小众或亚文化范围，逐渐以主流的形式在商业与文化层面发挥影响力呢?

■在2005年“萌え”（日语发音：moe）入选日本年度流行语之前，普罗大众对于这一词汇的认知还没有那么广泛，它的定义也远不像如今诠释得这么系统全面且有源可溯。由于使用这一词汇的主流群体为ACG爱好者，还包括身份并不受到社会认同的“御宅族”，在相当长的时间里，普通人对于“萌”的印象都停留在二次元世界的可爱美少女，身着女仆、萝莉装、水手服等等制服装扮，以及对虚拟世界角色的爱慕与迷恋这类角度上。当然，时至今日，美少女们依旧是“萌”文化中所占份额最大、影响力最深、受到争议也最多的部分。只是随着“萌”文化的发展和延伸，这些被称之为“萌娘”的虚拟生物们，要么变得不再肤浅，或者更加肤浅，要么变得不再单纯，或者反而更加单纯。她们的魅力击中的也就不再单单是男性消费为主的目标市场，而是“萌经济”环境下更宽泛年龄层次的受众群体。

## ▸这就是萌娘吗？◂

■萌娘是什么？即使不寻源不考据不查维基，单从字面上也可以推测出一二。关于这一事物的具体特征，相关描述不一而足，但大致可以用“能够令人萌生如燃烧般的情感冲动的美少女”来概括。当然了，重点在于“美少女”，萌娘本来就是为了“在三次元受到种种挫败，在二次元求治愈”而存在的。不善于同女性打交道的御宅族，以及被不负责任地胡乱塞进御宅范畴内的丧男、尼特族等其他种群，都可以借“萌”之力，塑造出精神上完美的幻想或恋爱对象。日本研究三失青年及御宅族闻名的精神科医师斋藤环博士认为：所谓的“萌”，大可以称之为“脑内恋爱”，是对在现实中没有实体的虚构角色抱有强烈的恋爱感情。

■萌娘的存在，使受众将现实中的落差或空白在脑海中进行了弥补和重构，造出一个暧昧的臆想空间，以此获得情感上的慰藉。萌感是一种非常主观的感受，其引燃点本没有规律可循，但商业运作下的ACG作品，成功却是有因可循的。将一个已成功的角色设定沿用到数部新作中，经过市场的锤炼，或是将数部已成功的作品放在一起梳理和提炼，最终一些固定特征获得了关注和认可，被赋予了名称与定义，呈现出“符号化”的形态，经过如此积累过程，“萌”文化被系统地构筑起来了，连“萌属性”、“萌系御宅”一类的连带产品都被理论化地完善了。

雪莉露·诺姆

出自《超时空要塞 Macross·F》
萌点：可换装、女王气质

雪莉露 · 诺姆

▪ 其实早在“萌”概念诞生前，萌属性就已经在为定位和区分萌娘而负责了。这一模式基本上是在 Gal Game，即恋爱游戏（也可以理解为美少女游戏）的推动下发展起来的。美少女游戏堪称是电玩行业中的异类，在欧美游戏中几乎找不到类似的存在，为日本市场独有的现象，目标定位为男性向，早期多色情内容，后来将没有限制级内容（并不绝对）的游戏区别称为 Gal Game。1994 年日本科乐美公司推出的《心跳回忆》被认为是恋爱游戏的始祖。在游戏中登场的女性角色有十三个，每个角色都代表了一种典型的女性，每个角色都有独立成篇的故事情节，玩家通过培养特定值或触发事件来完成不同的故事线。为了迎合受众，吸引玩家追求每一个角色，必须塑造出独一无二的个性，因此采用将女性受欢迎的多种要素加以离解整合的手段，最后形成各自不同的卖点。《心跳回忆》为萌属性的系统化提供了背景，在此之前还有一部限制级游戏《同级生》，首次明确归纳不同的身份属性，打包兜售多款萌娘，也算是一个不小的贡献。而在此之后，出现了如《To Heart》、《妹妹公主》这类开始着重运用角色设定的手段，不再强调整体故事情节的 ACG 作品，将玩家或观众对情节进展的注意力转为对日常平凡生活的共鸣。

▪ 凡举萌娘，必有萌属性。萌属性的细分无疑为人为地制造萌娘提供了类似公式般的计算模型。构成角色表象的公式，包括身体样貌（眼镜、兽耳、呆毛）、衣着（女仆服、水手服、校园泳装）、语言（关西腔、口癖、无口）等要素；构成内在的公式则含有性格（傲娇、天然呆、冒失娘）、行为方式、身份（妹、巫女、主人、大小姐）乃至身世家底之类，统统可列举出萌点。

▪ 万象皆可萌，有些只需要单一属性就可以成立。有些则需要丰富多变的搭配组合。以单一属性为例，萝莉可谓是萌娘中的主流。在日本独特的情色文化、扮装产业等社会背景下，萝莉情结从某种程度上来说包含着男权主义审美下暧昧而另类的精神状态，在介于童稚与成人之间，乐园与禁区之间塑造出这样一片模糊领域，由萝莉带来的“萌感”既复杂又敏感。即使在日本社会，对于萝莉情结的看法也常常大相径庭，在宫崎勤事件①之后，“萝莉控”（具有萝莉情结的人）一词带上了一种负面黑暗的色彩，开始令人不适地产生了变态、猥亵与淫欲相关的联想。但是萝莉这一事物依然保持着较为中立的存在，由于本身娇小可爱的气质，符合日本人对可爱事物的口味，如今有不少女性也会自称“萝莉控”。

▪ 萌娘中另一类具有杀伤力且有成熟市场的是女仆，这一萌娘主题不仅在二次元世界拥有众多拥趸，进入三次元世界更加受到追捧。在御宅族天堂的秋叶原地区，女仆咖啡厅、女仆美容院、女仆居酒屋应运而生。在被称为女仆咖啡屋元祖的“藏太平山居酒屋”，女仆服务生中有 cosplay（角色扮演）爱好者，还有舞台剧演员或声优。女仆的萌属性除了身份、甜美的嗓音之外，制服算是一个关键要素。白色围裙、蕾丝边和发箍构成一种拘谨、恭顺又带有甜美和亲和力的气场。在为角色制造萌感方面，制服的作用除了营造角色身份的归属感外，往往还可以配合演绎角色的个性。水手服可以勾起中学时代的明亮回忆，带来一种轻快、活泼的印象，巫女服的白衣绯袴带有沉静庄重的气质，科幻类作品常见的驾驶员制服常常会依据女性的身材特征做出修改，如《EVA》者当属其中萌之典范，而众多幻想类作品中则依据不同职业创造出各种特定的制服，例如《水星领航员》中的领航员制服，纯净、修身、肩部的小斗篷式设计增加了优雅系数，十分贴合作品治愈系的气质。

## ▸“萌”之初，性本善◂

是的，萌作在最初以“萌”的形式被人感知的时候，其实是很纯洁的；萌娘也是不需要靠卖萌或卖肉来赞助收视率、回馈制作商的。说那是旧式御宅族深深怀念的时代或许有点矫情，但并不为过。日本

ACG 产业发展近半个世纪，诞生了诸多经典且思想深刻的优秀作品，在这片土壤的滋养下，配合成熟的商业运作手段，无数新作汲取了令人惊艳的灵感，直至作品本身的成功。尽管日后可以从中归纳出各种“萌”的要素，但成功的关键远不止是“萌属性”这样形而上的东西。2000 年以后，《在世界尽头呼唤爱》、《恋空》等作品“萌”起了人们渐渐封闭的感动，纯爱小说一时风靡，事实上，无论在什么样的流行风潮下，描写深刻人性、刻画人物细腻内心的作品总能成为最后的赢家。即使在 ACG 界也不例外。

■《魔卡少女樱》中的木之本樱可谓前萌文化时代的首席萌娘，这位“史上最赚钱萝莉”全年龄段通杀，以除了完美之外无以形容的性格获得无数人的喜爱。在日本 2CH 论坛举办的第一届“日本动漫最萌竞技”上，小樱以无可辩驳的实力荣膺“最萌”桂冠。《魔卡少女樱》不是后来意义上的萌作，小樱的角色放在今日萌系价值体系来看也未必还有这么高的人气，但她代表着那个阶段人们对于纯真、美好、温暖、充满激励感的追求。

■ 日式恋爱游戏的特殊模式，对萌文化的发展有着举足轻重的影响。1999 年起游戏制作公司 Key 社陆续出品了三部具有代表意义的成功之作——《Kanon》、《Air》和《CLANNAD》，被并称为 Key 社三大催泪弹（2005 年又加上了第四部非全年龄段的《Little Busters！~》），这三部作品成为早期萌作的典范。Key 抓住人性这个永恒的话题，在寻常的故事中讲述着不寻常的欢乐与哀愁，通过巧妙的剧情结构的安排，勾起直达内心的感动。《Kanon》以“奇迹”与“约定”为主题，描述了一部回忆与思念、过去与现在的恋物语；《AIR》是关于牺牲与亲情的神话；《CLANNAD》是家族情缘。Key 社三部曲的成功，并没有特定的萌属性，也不以萌娘搏出位，而是以恬淡的方式传递出“温柔”与“坚强”，触动了人们情感的拨弦。这难道不是真正符合“萌”本意的方式么？

■《纯情房东俏房客》的出现似乎是恋爱游戏角色设定模式向动画进军时期的必然产物。萌作批量创造萌娘的后宫倾向，基本上在这个时候已经看得见苗头——而且很大了。但从这部作品来说，有趣的情节和不断登场、个性吸引力却并不因此减弱的女性角色倒也令这其赚足了人气和话题。日后泛滥成灾的“杀必死”（网络上对日语 service 的戏称，可理解为服务观众）场面此时还只是偶然为之，如同作为促销活动的礼品随片附赠，颇为讨巧。因此来说，后宫动漫虽然是萌文化产生飞跃的重要一步，在这一阶段还是具有比较单纯的原创目的。

■ 后期萌作受到非议，多是由于制作者过于刻意追求萌的效果，将萌属性当做一种放之四海皆准的法则，将原本作为调味的作料变成了主食。如此舍本逐末，怕也只有重口味爱好者才能当真淡定。但是即便在废萌横行的阶段，走“萌系”路线的优秀作品依然能够突出重围。如《凉宫春日的忧郁》、《幸运星》以及近期的《轻音少女》等作，不仅在 ACG 及轻小说领域大获成功，在商业上赚得盆满钵满，更形成了一波社会现象。

■ 2010 年京都动画（京阿尼）所制作之高品质动画《轻音少女》引发了一场“轻音热”。这部描写某女子学校轻音社在废部前的 5 个成员，及其周遭人物的日常生活的动画小品，虽然谈不上什么深刻的内涵，但如《周刊アスキー》总编福冈俊弘所说：“藉由描绘这小小世界的日常，不仅仅是日本，连世界的年轻人也不禁为之著迷。”《轻音少女》获得了第 15 回神户动画赏最佳电视动画作品奖和第 8 届东京动画大赏电视动画类优秀作品奖。以剧中乐团“放学后的下午茶时间”的名义所发表的 OP、ED 成为话题，新曲一出马上杀入各大榜单前三甲。日本第 24 届“日本唱片 Disk 大奖”还颁发了特别奖以表彰《轻音少女》对唱片产业做出的巨大贡献。动画 DVD 与原作漫画也创造了史无前例的销售纪录，2011 年 2 月第 8 卷 BD（蓝光碟）发售，首周便突破 2.6 万，在 2 月 28 日公布的公信榜一周 BD 销售排行榜

音无小夜 & 哈吉

出自《blood+》
萌点：高度还原动画原作的战斗场景，气势满塞

中获得首位。动画第一季和第二季目前已经合计发售了 52 万张 BD，成为电视动画系列 BD 化以来第一部销售超过 50 万的作品。强劲的势头让所谓“萌经济”业界以外的人士也感受到了其存在感。

■ 即使不成为《轻音少女》这样的国民级作品，只要运作成功，能够从每年一百多部新番中脱颖而出，就能够获取实实在在的商业利益。成功萌作造成的羊群效应，使更多制作者不假思索地投入进来开采和挖掘。而那些通过卖萌手段吸引来的受众，比 ACG 原始受众更加关心萌不萌，需求方与供给方达成了一致，制作者不再关心剧本，只要创作出足够多的萌娘与萌点就好了，废萌动画一出，萌文化开始走向偏途。

## ▸萌！觉悟吧◂

■ 日本帝国数据银行在 2010 年 8 月 19 日公开了一项名为“动画制作公司经营状况调查”的研究报告，报告中指出，日本动画公司的收入已经连续两年下跌，落到了 2005 年以前的水平，“萌系”为中心的动画模式将要走到尽头，深夜动画番组也有日趋减少的倾向。针对这一报告漫画家赤松健指出目前萌系动漫存在的三大怪现状：“没有男主人公”、“男性的购买能力低下”以及“男性观众没有很好地将感情注入女角色中”。他特别强调最后一点说近年来男性只是将动画中的女性角色作为一个泄欲的对象，而不是很好地去体会深入这个角色的情感。在这种肤浅且浮躁的风气影响下，即便是以“魔法老师”等后宫漫画闻名的赤松健也不禁遗憾地感慨，连后宫作品的人气都逐渐走入谷底。

■“废萌”+“属性叠加”的趋势愈演愈烈，“萌”的过度细化似乎昭示着其活力的退化，萌作从卖萌走向废萌，将原本不经意满足的需求变成了刻意制造、挑起需求，为消费而制造出的消费，充斥着做作的迎合和带有掠夺意味的讨好。这种赤裸裸的利益驱动型行为，对于还在认真创作的 ACG 作者来说造成了巨大的压力。不向卖萌妥协，还能吸引多少冲着萌来的观众，还如何敢对收视率拍胸脯；但妥协又何尝容易，又将失去多少原本忠实的受众。在这种无萌不新番的现状之下，无怪乎连成功制作过萌作《凉宫春日的忧郁》的动画监督山本宽都对动画界当前的价值观感到绝望，因而在新番动画《Fractale》放出之前便喟然高呼：“如果失败，那么我作为监督也就到此为止了，我会引退辞职！”在长崎新闻的采访中，山本宽直批“萌作太多了”，正在播出中的动画几乎都是卖萌的作品，没有一部动画在他看来是有意思的。

■ 而在更早的时候，宫崎骏导演就已经尖锐地批评过这一现状，他指出日本动画如今“色情化加重”，“制作偷工减料”，“价值观与是非观模糊”，对于萌系动画，他更是不留情面地反对这些“萌系”角色柔顺、服从的特性。身为女性主义的支持者，宫崎骏认为对于女性角色的描述不应只是可爱，也应当描述她们勇敢坚强且足智多谋的一面。萌系御宅族所迷恋的恰恰是传统的女性角色，并有将萌娘作为可爱特质的物化对象的倾向。宫崎骏十分反感那种将女性角色作为“萝莉控玩物”的歪风。“就某方面而言，如果要以肯定、正面的态度描绘某个角色，除了尽可能使她们讨人喜欢以外别无选择。但是现在，有太多人以无耻的方式描绘她们（那些女主角），好像他们只想要什么宠物一样，而这种情况是越来越严重了。”

■ 然而，萌系动画真的马上就要终结了吗？在其背后支撑其进入 ACG 主流的那股力量，难道已经消散了吗？

中野梓

出自动画《轻音 k-on！》
萌点：萝莉猫耳、天然呆，纯真

高龄爱花

出自游戏《Love Plus》
萌点：优秀学生、初期无口系、后期单纯系

## ▶"萌"可萌，非常"萌"◀

■ 日本经济学家森永卓郎曾在他的《萌经济学》一书中提出了这样的观点："这个世界上唯一不会衰退的市场就是恋爱市场！"而萌经济存在的市场，本质上就是恋爱市场。萌现象爆发的推手御宅族，其实是"弱肉强食的恋爱市场"中的失败者！森永卓郎认为"大部分的御宅族并非主动积极地迷恋二次元女性，其实如果可以，还是想跟三次元女性谈恋爱的。至少起先应该是如此"。但当他们在二次元世界获得了满足后，就不再容易出来了。二次元女性不会背叛，也不需要付出真正的精力去了解。"萌"的世界由此弥补了真实世界的欲求不满，并促成了这些恋爱弱者在此消费。这个观点挺有道理，但不尽然。恋爱市场中的难民，着实为"萌"的繁荣起到了推动作用。可并非所有的御宅族都是恋爱的难民，不仅如此，在御宅之王冈田斗司夫的理论中，御宅族中不少人是有稳定收入、正常社交的。

■ 御宅族的特征之一，是对某个领域内的东西有特定喜好并可以为之持续不断、不计代价地消费，这个消费行为是热情而非理性的，为了某种理想，很容易就把全部的钱都投入进去。御宅族的消费能力是非常惊人的，因此在九十年代日本经济泡沫破灭之后，与御宅族密切相关产业的发展反而越来越好。根据日本野村综合研究所于2005年10月发表的一项调查，日本有大约172万御宅族，2004年创造了2900亿日元的消费市场。而据滨银综合研究所估算，2003年与萌文化有关的市场份额约为888亿日元。

■ 在经济上，御宅文化促进了萌系产品在商业市场的巨大成功。另一方面，推出"超扁平艺术"概念的日本艺术家村上隆以ACG文化为背景，用御宅文化、亚文化、消费主义元素构建起后现代主义的波普艺术。次级文化逐渐进入主流视野，并得到了一定程度的接纳，由此扩大了"萌系文化"在全球范围内的影响力，进一步推动了御宅族的消费需求。

■ 2005年成为热门话题的"电车男"不仅为影视小说提供了颇具戏剧性的素材，更引发了一场争论。对于御宅为了得到恋爱而必须付出"脱宅"的代价，不少御宅族都有种背叛的感觉，其间出现了一位极端型的人物——本田透，他以为御宅族代言与平反的姿态，创作出了一本解构《电车男》神话，宣告御宅族胜利宣言的《电波男》。书中通过不少似是而非的逻辑证明御宅族不是因为情场失意才迷恋二次元世界的萌娘，而是因为萌是人类情感的最终归宿。这是一本观点偏执（女性读者显然不会喜欢，特别是其中对于恋爱市场观的论点）近乎奇谈怪论的书，不过有兴趣的人如果把它作为萌系御宅族的内心剖白，或许可以更深刻地理解诸如日本宅男与喜爱的2D角色抱枕结婚，另有与游戏机中的萌娘结婚之类，在萌系热潮下出现的不可思议的现象。

■ 在积极意义上，"萌"是亚文化向主流文化的一种成功渗透，又或许是日本可爱文化的一条具象分支，以"萌娘"为主导的萌系文化对日本波普艺术产生了重要的影响。但在另一个角度上，萌系文化正走向一个晦明不定的方向，不再以钻研和搜集资讯为主的新御宅族，又将会怎样影响"萌"的存在，一切都还未知。

① 1988年-1989年发生于日本东京都与埼玉县，4名4-7岁的女童被诱拐后杀害。此事件在日本称为："东京·埼玉连续幼女诱拐杀人事件"。

* 特别感谢玩家Rover藤提供PVC涂装完成品以供拍摄

# 从那里到这里

撰文丨袁迪　图片丨林央子

2002年，《here and there》创刊号。

与所有其它日本传统的杂志不一样，《here and there》是主编林央子一个人的杂志：从选题到组稿全部由她一个人完成；撰稿人都是熟悉的朋友；仅有的几个广告都是关系良好的设计公司或艺术机构，并且统一设计；在杂志制作过程中唯一的合作者是设计师服部一成；在发行上，它不用杂志刊号，也不依附于任何大型出版社旗下，而是将日本国内和海外的发行权分别交给了两家独立出版社 Utrecht 和 Nieves。每一个环节和元素都散发着独立、自由的味道，在读者看来，每一期杂志更像是流露着林央子情绪和思考的个人作品，其带给人压倒性的影响与其说是一种冲击，倒不如说是感染或感动。这种效果已经与文学、艺术、电影带给人的影响十分接近，在《here and there》的情境里，杂志已不再是传统的信息传播媒介，而是承载着情感和记忆的作品。

《here and there》第 2 期

《here and there》第 3 期

1988 年，从东京基督教大学毕业的林央子梦想着进入一家杂志社成为编辑，因为在她眼里，“编辑可以到处旅行，接触新奇的事物”，但是当时市面上可见的杂志没有一家是她想去的。和绝大多数毕业生一样，她意识到自己的精神洁癖使自己处于一种矛盾的状态中，虽然想成为一名编辑，却不想沾染商业味过重的杂志。一次偶然的机会，她认识了为资深堂内刊《花椿》工作的朋友。由于只是在资深堂店内免费发放，只有艺术院校的学生才会定期收集，作为“圈外人士”的林央子之前压根就没有听过这本杂志。但是当她在面试时看到《花椿》后，便完全被这本杂志的独特格调吸引，而当时杂志也正好需要一位年轻的编辑，林央子幸运地成为了《花椿》的一员。

在《花椿》的前 5 年，林央子完全做着协助资深编辑的工作，见到的人也都是同龄人，但那里依然是能够激励人的地方，即便是一则短文都会被主编要求修改三、四十次，当时难免抱怨，但回过头看却是一种历练。由于每期只有 42 页，他们有足够的时间对每个细节“吹毛求疵”。1993 年对于林央子来说是

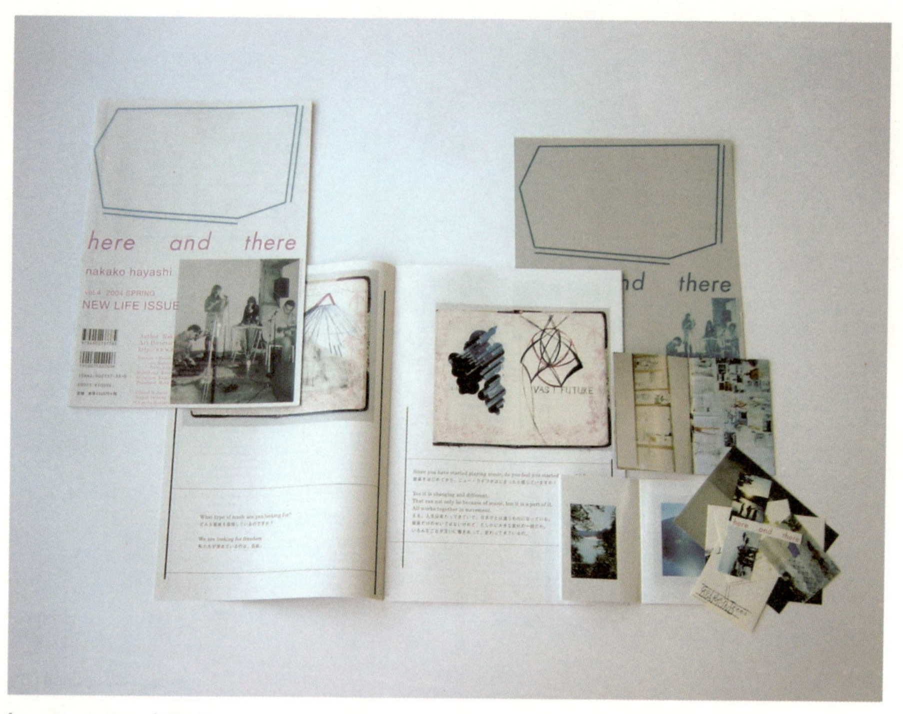

《here and there》第 4 期

一个转折的年份，她第一次被派往巴黎参加时装周，之后她一年不落地参加了每一年的盛会，即便离开了《花椿》之后，她依然以自由撰稿人的身份前往。不难想象，巴黎对于她而言是一个多么重要的城市，而对于《here and there》而言，巴黎更是一个可以被视作母体的地方。因为林央子在那里认识了许多重要人物，比如时任《Purple》主编的 Elein Fleiss、德国设计组合 Bless 等等，他们到现在依然与她保持亲密的关系，并很自然成为了后来《here and there》的撰稿人。而她在巴黎遇到的囧事也是一大堆——“拿不到入场券、抓不住主次人物瞎闯秀场”等等。但这些琐事与她的所见所闻相比实在微不足道。她在那里看到了风格最尖锐时期的 Victor & Rolf ；领略了不可复制的 Martin Margiela（虽然现在也有个以他名字命名的品牌，但作品根本无法与 20 世纪 90 年代相比）；见证了巅峰时期的 Helmut Lang 等等——这些阅历使她发现自己关注的时尚并不是所有广义而言的“时装”，她说：“比如欧洲那些传统的高端品牌就没法引起我的兴趣，反而是一些独立的、新锐的、极具实验性的设计师品牌让我迷恋不已，因为他们始终在质疑和挑衅，一如好的艺术。”这些品味和习性都一一反映在了《here and there》中。

令林央子惊喜的是，这些近乎偏执的审美却得到了《花椿》艺术指导仲条正义先生的认可。在她眼里，这位设计师对时尚有着独特而可贵的理解。比如，有一次时装周，林央子将外请摄影师的照片和自己的快照一起传回国内，最终被采纳的居然是自己的那些快照，这在传统时尚杂志中几乎是不可能的事。也许是受前辈们的影响，林央子对杂志版式的基本要求就是，视觉应该是编辑观点的反映，设计与内容需要有一种张力在。因此在林央子眼中，20 世纪 80 年代平山景子任主编、仲条正义任艺术指导时期的《花椿》更好一些，平山景子卸任后，仲条正义独掌视觉与内容的《花椿》明显少了那种张力。逐渐地，《花椿》对林央子的新刺激越来越少，而且年龄的差距，使她与仲条正义在审美上始终存在一些难以妥协的分歧，网络的发展更让她有一种想看到《花椿》

《here and there》第 5 期，与德国设计组合 Bless 合作完成。

《here and there》第 6 期，"无法预知的旅程"号。

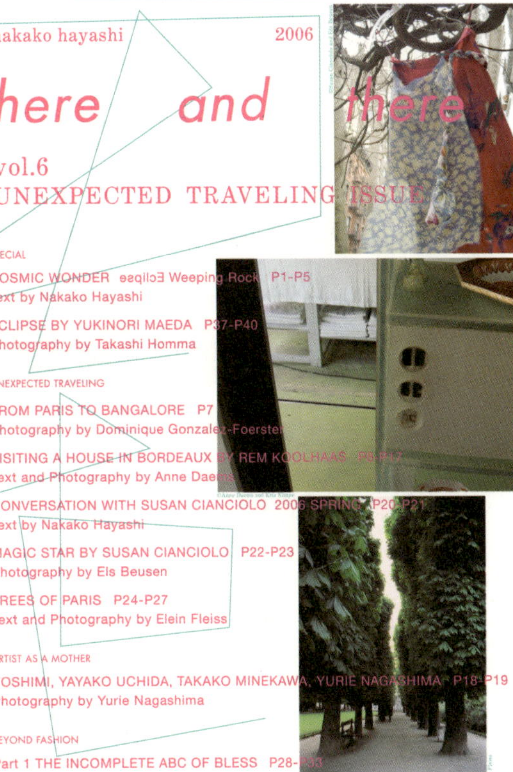


视角以外的事物的欲望。2001 年，林央子辞去《花椿》的工作，开始了一段全新的旅程。

离开《花椿》之后的林央子如鱼得水，不仅可以凭借多年累积的名声给各大杂志撰写专栏填补收入，而且因为不再受话题所限而可以去关注更多新奇的人和事。最终，要做一本自己的杂志的想法浮出水面，她想把自己对这个世界的好奇心全部展示在这本杂志当中。

在杂志筹备的过程中，她的法国好友、当时已离开《Purple》并创办全新独立杂志《Purple Journal》的主编 Elein Fleiss 为她提供了许多帮助，这不仅体现在杂志本身的构想和制作中，还包括生活上的援助。与 Elein Fleiss 的友谊要追溯到 1993 年林央子第一次去巴黎的时候，她在蓬皮杜艺术中心书店看到刚刚创刊的《Purple》（当时叫《Purple Prose》），被其美学理念深深吸引，于是联系采访，发文在《花椿》之中。她们的友谊建立于相互欣赏的世界观和价值观之

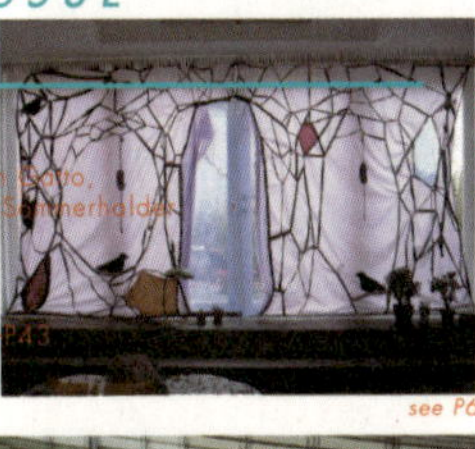

《here and there》第 7 期

《here and there》第 8 期

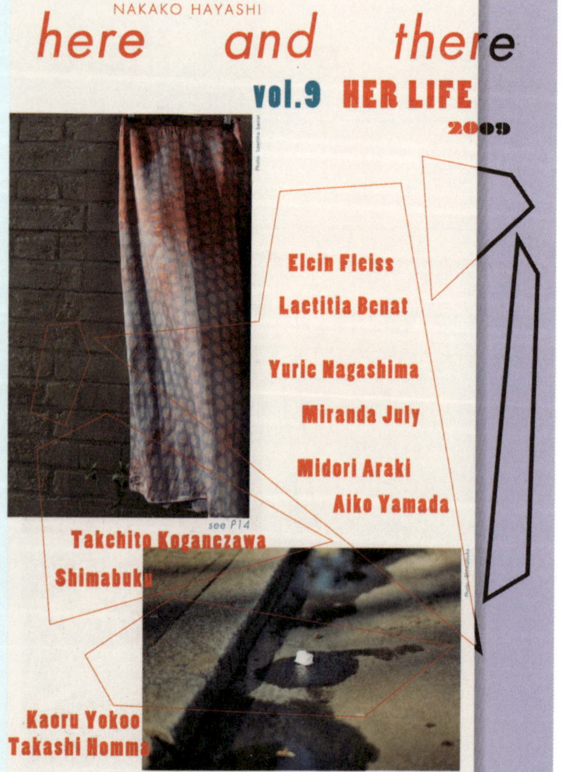


《here and there》第 9 期

上，显得笃实可靠，以至于之后每次去巴黎，Elein 的家都是林央子必选的落脚点。而在日本国内，同样因为《花椿》认识的摄影师 Takashi Homma 是为林央子创办《here and there》提供最大帮助的朋友。他牵线搭桥为她介绍设计师服部一成，两人见面聊了之后一拍即合。此前，服部一成的大多数设计还是广告，与林央子的合作仿佛为他打开了另一扇门，他开始为杂志和书籍做艺术指导，并逐渐奠定了他如今在日本平面设计领域的地位。

在杂志发行上，林央子本来打算自己全权负责到底，但海外发行毕竟心有余而力不足。于是她想到了曾是瑞士独立杂志《Zoo》主编的好友 Benjamin Sommerhalder，因为他正好已经搁下杂志创办了独立出版社 Nieves。2002 年春天，《here and there》第一期正式面世，印数 1500 本。从《花椿》辞职到创办新杂志，时间不到一年，这倒是符合林央子“想做就去做”的行事风格。

杂志按既定计划出版了三期之后，林央子因为怀孕而不得不放缓杂志的出版频率。第 4 期在 2004 年初夏出版，取为“新生”号（NEW LIFE ISSUE），显然是专为 2003 年 8 月出生的孩子而做。紧接着的第 5 期则完全是托了德国服装设计组合 Bless 的福，合作完成，于 2004 年 11 月份上市。但是，对孩子和家庭的牵挂还是让林央子再次改变计划，她休整了一年，最终决定将杂志调整为一年一期，并将日本国内的发行托付给了 Utrecht Books，并让 Nieves 的 Benjamin 成为自己的出版人，将国际发行全权交给了他。这

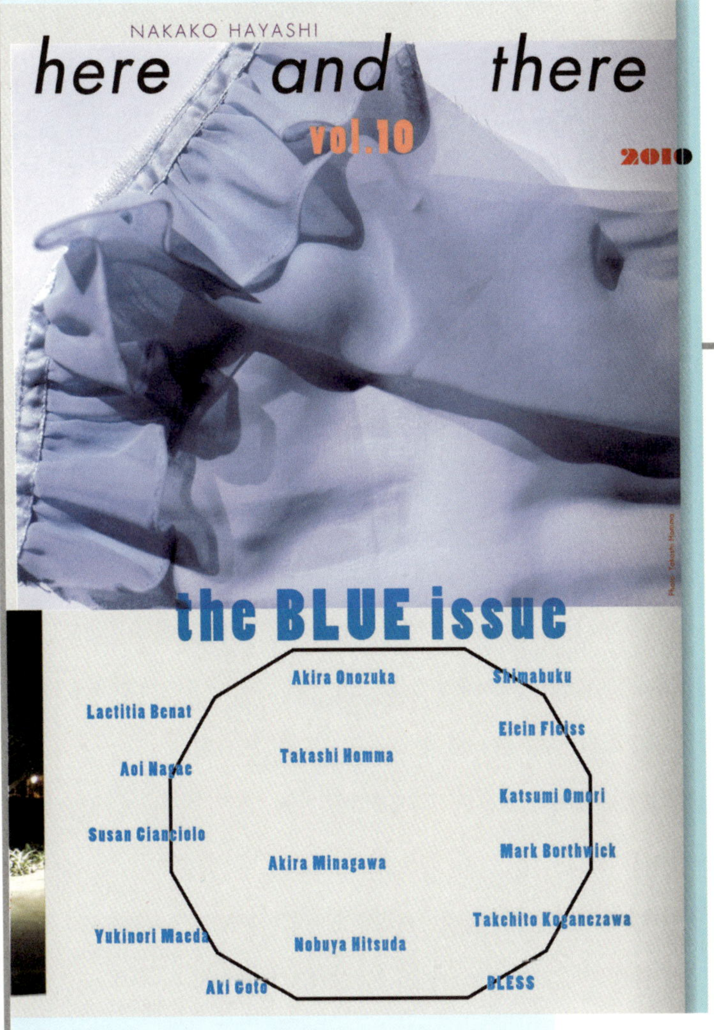


《here and there》2010 年第 10 期 "the BLUE issue"

样一来，她就可以有足够的精力做内容。2006 年全新的《here and there》第 6 期“无法预知的旅程”号（UNEXPECTED TRAVELING ISSUE）与读者见面。在与服部一成商议后，第 6 期之后的杂志在形式上做出了调整，将尺寸固定，不再像前五期那样每期都有不同尺寸，而是希望在限制中制造新意，迄今最大限度的玩法也只是为最近的第 9、10 两期做了可折叠封面。

林央子自己认为，“做这本杂志，从开始到现在，最难能可贵的一点是始终秉持‘不成长’的理念”。从第 1 期到第 10 期，印数一直保持在 1500 本，内页广告也一直是理念近似的机构或画廊，并且统一的设计与内容相辅相成，价格更是没有因为受到更多的青睐而上涨。在林央子看来，“这是一本独立杂志保持其原样必须坚守的东西，不然赢得了更多的金钱，失去的却是最初独立、自由的性格，”她说，“我希望现在的状态就是将来的状态，如果有一天我不小心失去了这样的情绪，就会停止做下去”。对于我们读者而言，当然不愿意看到那一天。

# 性别错置的人生

撰文 | 健吾 插画 | 高歌

如果你是外国人，在日本看黄金时间的电视免费频道，你会以为日本是一个对“男同性恋”者很宽容的地方。

外国学者研究日本的同性恋文化的时候，免不了会用很“东方主义”的镜片，检视日本的媒体内容。在外国的学者眼中，日本的电子媒体对同志很友善（gay friendly），在1997年，美国学者Stephen Miller就发表了论文《The Reunion of History and Popular Culture: Japan “Comes Out” on TV》，指在1993年的黄金时间，日本电视台（NTV）播放的日剧《同窗会》（西村和彦、山口达也）是一套“意识大胆、开放”的日剧。

“在日本的黄金时段，可以播放一套关于男同性恋者的恋爱生活的日剧，而且剧中的人物‘岚’（Arashi）是自愿当男性性工作者，并享受当中的工作。这是一个很大胆的尝试。”Miller如是说。

纵观亚洲另外的国家，直至2000年左右，在泰国或是菲律宾，有学者研究发现泰菲两国的男同性恋者和变性人社会地位算高，是因为他们有相对高的经济能力。男同性恋者可以从事粉红行业（如按摩师，艳舞男郎Go-go boy）、高增值的产业（如时装设计、平面设计）或娱乐事业（流行音乐界或表演艺术界），因此，他们在国内会受到尊重。当然，受尊重不是因为所有人都深明人人生而平等的大爱价值观，而是因为他们有钱。

钱，可以解决很多问题。

因而，当你看泰国的选秀节目，像台湾《超级星光大道》或是《中国达人秀》，那个叫《The Star》的选秀节目，总有一个变性人坐在评审台的中间（即是伊能静坐的那个位置），对台上所有在发明星梦的年轻人指指点点。

在电视媒体的黄金时间内出现的日本同性恋者，几乎每人都身怀绝技。

## 美轮明宏：爱的传道师

■ 像很久之前已经出现的美轮明宏，他是黑泽明年代就已经出道的艺人。他是男性，但总是以女装出现，念书的时候，我曾在东京新宿的伊势丹男装部看到美轮，头顶顶着一头鲜金黄色长发，穿着一件湖水蓝的长裙。同行的是一个剪了和尚发型，像橄球选手一样健壮的男人在买 Chrome Hearts 的男装内衣。

■ 镜头一转，地点是大阪府产经会堂，会场聚满了 20 至 70 岁的女性。不不不，不是韩星朴龙河的演唱会。大堂海报上，是一个穿着如大正时代贵族的红色闪珠片长裙的贵妇：光黄色头发、黑色头饰。近看一点，才知道“他”是男的。五十年来，一直穿女装、化女妆的 Drag Queen—— 美轮明宏是也。在场职员说，每次演讲会在大堂摆卖他的著作，最少会卖五百本。

■ 两小时无间断，软硬兼施、有笑有泪、上天下地、古今东西：由政治人物的批判到电视节目内容，无所不包。但主调始终是美轮生存之道：“君子之交，应淡若水，六分就已经足够了”、“人要听好听的音乐，穿亮丽的颜色，人生才会有趣”、“脑内的维生素，是文化。日本人更加要认识日本文化的美……”

■ 在场不少观众，拿出手帕，拭起眼泪。大学生朋友，二十一岁的山内小姐说：“我喜欢美轮。他说话很温柔，很可以温暖人心。”他是同性恋啊！ “没关系呀，他好像很多年都是那样子了。”料亭女大将今泉太太说：“他的戏演得很好，很有才华。我很喜欢他。”同性恋也没关系？ “呵呵，”今泉太太掩着尴尬笑容：“他本人觉得快乐不就好了吗？”

■ 那是同一个人。同一个，男人。

■ 美轮明宏原名丸山明宏，日本九州岛长崎县长崎市出生，今年 70 岁。《日本艺人名鉴》说他是歌手、演员、舞台剧演员、作家等等。美轮 10 岁时，曾亲眼看见原子弹投下。

■ 这个故事由他在黄金时间的电视节目《灵光之泉》中听到：”路边是垂死的人，一边喘息，肌肉一边剥落，一边吐出最后一句‘救救我’。一个女人双手抓着自己婴孩的尸体，几个人头在地上滚来滚去。这些画面，已留下一辈子烙印。”

■ 美轮 15 岁上京，1952 年以歌手身份加入艺能界。1957 年，他以女装上阵，以“sister boy”造型走红。1968 年，三岛由纪夫的《黑蜥蜴》改编成舞台剧，美轮当主角，大受好评。《大逃杀》导演深作欣二把《黑》拍成电影，他再次披甲上阵。《纽约时报》记者见到这位亚洲 drag queen 艳惊四座，大肆报导，令美轮首次受世界注目。

■ 美轮于 2005 年起主持朝日电视台的清谈节目《灵光之泉》，大众再次对他行注目礼。近日日本电视节目，刮起“精神文化”风。他的发言，以“心灵鸡汤”作包装，从而发扬“日本的传统价值观”。

■ 在《灵》中，美轮、杰尼斯事务所的男偶像国分太一，跟一个自称有通灵能力的灵能力学家江原启之，每集都会跟不同嘉宾谈工作、恋爱、生活、生存、文化等话题。当中又会介绍日本传统文化的承传，如日本同性恋花道家假屋崎慎吾如何把花道跟日本传统建筑融合，带出空间中的日本“美”；或日本传统乐器三味线在组合“吉田兄弟”的发光发热下，在欧美两国如何发展等等。

■ 美轮明宏在日本，几乎是精神上的导师。他自称自己跟江原启之一样，有通灵能力，可以透视人的“灵光”

（aura）。不用去过那个人的家，都会感觉到那个人有没有跟灵异界的能量交流。只要跟他说话，就会看到你的膊头上有什么守护灵体（如男演员小田切让就有一个忍者守在他膊头）。

■ 他在节目中会教日本人（主要是日本的女人）做人“必需”的人生道理。他的书，连同他的电视节目，都贩卖空虚的现代日本人灵魂最需要的心灵鸡汤。他的节目，几乎每一集都有一些人生小道理作金句。每一句“金句”出场，电视画面就会出现那“金句”的字样，尤如大学课堂中的powerpoint简报。

如：

“做人，做朋友，一定要君子之交，六成熟就好。太熟会令人生厌。”

“教孩子的时候，要分清楚。发怒是感情的，要孩子改善的方法是理性的。发怒的时候很丑陋，因此教孩子要理性。”

■ 甚至是国家大事的讨论，美轮也有他自己的一套心得。回答观众的提问：“面对现在日本这种暗淡的未来，我们可以如何做？”美轮回答：“很简单，只要重看在《日本书纪》中出现的那些历史，找回在二次世界大战之前的日本文化的价值就行了。要找回以前日本的价值：日本人要知道什么是耻，什么是荣（夸り／hocori）。”美轮认为，现在的日本过度主张竞争主义，很多问题都是因为过度着重经济发展，或是数字管理主义引出来的。

■“比方说，学校出现霸凌问题（いじめ／ijime），是因为大家都相信弱肉强食。看着一个弱者受到伤害，其他的学生不闻不问，不去阻止，是因为怕下一个被欺负的可能是自己。”美轮说，日本的武士道精神，就是当弱者被欺负的时候，就需要走出来保护。

■“如果看到人被欺负，视而不见，其实是一种‘不知耻’的行为。从小，为什么在上学校之前，没有好好地教好（日本的）孩子们，什么是‘耻’，什么是‘荣’。欺负人的人，是这个世界最下等的人，我们应该在孩子上学校之前就好好的教好他们。不可以说人家的坏话，也不可以欺负别人……这些早就应该教了。”

■“有时候，我去到外面，看到一些人。有些中年人呢，在一些喝酒的地方，大吵大闹。反而年轻人见到我，就会对我说‘可以跟我握手吗’或是‘我知道你很忙，对不起’。反而一些中年人呢，见到我，就对我大喝‘握手！握手’，完全是没有礼貌的人。”美轮认为，日本人忘记了什么是“耻”什么是“荣”，所以中年人才会搞得日本变得那么“负面”。“因此，所有的中年人，都应该再一次接受义务教育，要再一次学习什么应该做，做人的基本应是什么。在世间生存，就是不可以做令自己羞耻的事……”

■ 美轮在节目谈“日本的传统价值”，这些本来应该很沉闷的东西，却得到十分好的收视率。更因为这个节目，令日本的女子高中生视美轮为偶像。不少女子高中生也在她们的手机的待机画面中，下载了美轮的画像。日本社会研究家三浦展就发现，日本的女子高中生把美轮明宏视为“人生导师”，他教了她们学校、家庭不会教的东西。而下载美轮的画像作为“手机”待机画面，就像是护身符。在三浦展的《日本溶解论》中，就有访问到一些认为美轮明宏是偶像的女子高中生说：“对啊，我相信来世。美轮老师说的话很中听。”

■ 美轮作为精神导师，也教日本人要好好地活出自我。因而，他从不介意公开地在电视的黄金时间诉说自己的感情故事。

■ 他于自传《紫色履历书》中，坦白地说起中学时代的初恋。初恋男友“L君”比他大三年，像大哥哥，会教美轮读什么小说、看什么画、做什么运动。那时候，美轮到男朋友的家，L君的母亲亲手做了几套和服给他们二人去东京。当时，就是那么“先进”。

■ 美轮描述，“同性恋行为”是日本源远流长有的文化：“同性恋在日本，有很久历史。千百年前，日本是男色女色共存共荣的社会。这是先进文化，同性恋是当时的‘市民权利’。”美轮说，军国主义戕害了同性恋文化：“战争，要更多男人去打仗。结果，不生孩子就不爱国，同性恋者才被说成‘国贼’、‘变态’而已。”

■ 走过原爆，无事生还，还有值得怕？“所以，我一直一直，穿着女装，挺起胸膛做人，没有必要收起来。”

■ 男同性恋者在日本电子媒体上，更会提供更多的“服务”，为女性提供“身体”上的支持。在朝日电视台推出《灵光之泉》后，有说观众对“男同性恋者”的态度比想象中好。而且他们在媒体上大多会提供特别的“演出”。不少变性人或有变装癖的男人都有一种“匠”气，要么不要扮女人，要扮女人就要扮得比所有人好，如服装造型师Ikko和得到全球变性人选美大赛冠军的榛名爱。

■ 基于变装癖的男同性恋者，脑内会有一种比女人更想当女人的愿望。而在日本的主流传媒以至文化界，都认为日本女人受太多西方的女权主义影响，绝对不是好事（有说这是因为日本社会是一个男性主权的世界，女性应回到家庭本位，“做女人应做的事”，如前厚生省大臣柳泽伯夫在日本庆应大学的发言说日本的少子化问题跟日本女性迟婚有关，“因为机器，生孩子的机器数目减少”，因而出现少子化。虽然柳泽伯夫所说的有道理，就因为他的说话被媒体简化了，说成他“把女人当成生孩子机器”而被迫辞去官位。因而，男同性恋者如果他们想成为“女性”，会对“外表打扮”等等出尽法宝。

■ 其中一个叫 IKKO 的化妆造型师，就更是这五年来日本媒体界的红人。有说这几年几乎每天都会在电视上见到他。他曾经在黄金时段的节目《オネェ★ MENS》和《魔女的 22 时》两个节目中，教日本的中年女性如何打扮、保养。

■“打扮和保养十分重要，因为这样会令她们活得更快乐。”

■ IKKO 原名是丰田一幸，1962 年 1 月 20 日出生。在日本的《艺人名鉴》中，他的身份是美容家、艺人。

■“作为美容达人之前，我其实是做头发的。后来到了四十岁左右才开始发觉原来外表十分重要，就开始对养生、美容、打扮、保养等等有兴趣。”IKKO 说：“我每天都要做运动。是走路。一天两次，每次要走 7.5 公里。一天就大概走 15 公里。”即使是有多么繁忙，他都会做这样的运动。“早上的走路课会令我得到一天的能量，晚上的走路课是一天的反省。”IKKO 说。

■ IKKO 最红的时候，是 2007 年，日本语的流行语大赏中，有一句叫做“有没有搞错～（どんだけ～）”。受赏人就是 IKKO。当初是日本东京新宿二丁目的同志们常用的口头禅，后来 IKKO 在电视上常常当成是段子一样使用，引人发笑。之后就发现原来 IKKO 在电视上除了提供令人发笑的效果外，他还有很多别的能力。如教日本女人如何化妆会“年轻十年”，如何用最少的钱就去变得漂漂亮亮。他的哲学非常简单：“变得漂亮不是为了别人，而是为了自己。在镜中见到自己比实际年龄年轻，一切的努力都是值得的。”

■ IKKO 除了化妆技巧以外，还会在电视上表演料理。他的手艺比专业的厨师要好，在自己的网页中，也会显露出他对厨艺的心得，原因是：“心爱的男人吃到自己做的料理会感觉到我对他的爱。”如在日本版的《美女厨房》中，他就曾经是胜出的参赛者。

■ IKKO 的名字发音，是从“一幸”的音读而来的。在高中毕业后，IKKO 加入了美容学校，在高级理发店待过八年，之后就设立了自己的店。在日本，发廊除了理发，还包括化妆、造型设计等服务。

■ 在化妆业界，IKKO 被称为“神之手”（神の手）。IKKO 的客人，不少是知名的资深女演员，有说到别的化妆师处化妆，会变美；但到 IKKO 的地方化妆，就会变年轻十年。

■ 现在的他，在不同的女性流行杂志，包括《Non-no》、《More》、《美人百花》等写专栏。他的演讲会长期都有读者粉丝支持。2009 年他就到过日本全国三十多个不同的地方办演讲，讲的都是“如何成为漂亮而快乐的女人”。2006 年，IKKO 首次出书，谈的都是“如何变成美女”的小书。如《IKKO 女人的法则》、《IKKO 变美的魔法》，销量超过 30 万本。2007 年 IKKO 还推出了单曲《どんだけ～の法则》。而 2009 年 9 月的推出的《IKKO 变美术～韩国篇》，更创了旅游书销售记录，6 个月内卖了 15 万本。

■ 除了在媒体的活动，他还是韩国的观光大使，跟韩国的化妆品 Etude House 合作。他在不同的媒体中都会推介他认为非常好用的化妆品，不论是美容液、化妆水、眼线液、小腿按摩器、BB Cream、蜜粉……等等的东西，只要贴上“IKKO 推荐”，就会得到几近是“宗教性”的支持者购买，销量会大增。

■ 因此，IKKO 也成为了营销达人，有着惊人的人气和推荐能量，他还跟不同的品牌合作推出商品。当中包括化装品（粉底、眼线笔）、化妆袋、香水、蜂蜜乳液、手帕、G-Shock，最令人惊讶的是有 IKKO 版的 Hello Kitty。

■ 有说 IKKO 一年内所引发的”经济效果”，超过 10 亿日元，是日本疲弱的消费品市场中强劲的经济支柱。

**榛名爱：谐星变凤凰**

■另外一个在泰国芭提雅变性人选美大赛中成为冠军的榛名爱（はるな爱 Haruna-ai），有着更令人佩服的生存意志。旁观她的人生故事，是上乘的生命教育。

■她的故事教晓我，信念，有时候是人唯一的生存武器。

■榛名爱，1969 年 7 月 21 日出生。

■他的本名叫大西贤治，大阪府出身，现为模仿艺人、东京都三轩茶屋小酒馆的老板、大阪的广岛烧食店的老板。20 世纪中期，当年日本电视圈大吹“人妖热”，因此跟经纪人公司签约，加入娱乐圈，以“人妖”的身份成为某些本地的电视台的节目主持，由于他打扮得宜，“比女人还女人”，吸引大型经理人公司向他招手。到东京后，“人妖热”退下来，榛名小姐的事业载浮载沉。

■日本的经理人公司跟艺人的拆账方法跟香港类近，有工作就有饭吃，没有工作就吃西北风。榛名小姐见势色不对，就隐瞒自己男性的身份，竞选性感模特儿界竞争最激烈的战区赛车女郎（日本一级格兰披治赛车中，在场内出现，没有事做，只需穿低胸衫和短裙，在场内走来走去的那些女孩），以冶艳的外表，战胜很多真女人。

■“都靠这 260c.c. 的东西……”榛名爱指着自己的硅胶胸口说。

■后来，榛名小姐到泰国参加人妖选美大赛，以麦当娜的《Hung Up》应战，得第四名。

■“扮 Ayaya（松浦亚弥）的时候常穿的那件蓝色连身裙，是在输掉后，在曼谷街头闲荡时买的，只要 3000 元。”榛名小姐说。

■榛名小姐小时候，是不爱念书的孩子。

■最爱流连的地方，是她婆婆工作的脱衣舞吧。那个地方，可以听到当时最入时的西方音乐，看到最华丽的舞台服装。榛名小姐说：“那时候看着婆婆在舞台上表演，总觉得如果将来可以像她一样，穿上那舞台服，就会很幸福。”

■但是，当年的榛名小姐，不，当年的大西贤治君，是一个男生啊！

■榛名小姐说：“有反对啊！当然有！我小学三年级左右，父母说如果再是这样子（扮女生），在学校一定被欺负。我没有理会他们。结果，上过电视台主办的模仿大赛，扮松田圣子，得过奖。上中学的时候，怕被欺负，于是强迫自己当‘男生’。可是，电视这个媒体太可怕了，有些长得比较高大的同学有事无事，都叫我扮松田圣子。”

■是欺负呢。那时候的大西贤示君，很不想上学。最后，就连高中也没有上，直接到大阪的人妖吧上班。榛名爱这个艺名，就是那时候改的。

■“小时候我已经很喜欢看偶像歌手，松田圣子在演唱会上跟观众说话的样子，真的很有吸引力。有时候看电视剧或是音乐节目，都会学电视上的偶像歌手的说话方式或动作。”

■榛名小姐说，“而在实际生活中，有时候在街上，见到一些好看的女人，我都会想：‘呀，如果可以变成那个人就好了。’其实，变性人的人生，很大部分时间须要模仿。因此，如果模仿的对象是女性，就很手到拈来。”

■2008 年 3 月过后，几乎隔天就在电视见到榛名爱。榛名小姐自称自己是“模仿艺人”。她扮的是日本著名歌手松浦亚弥。日本的模仿艺人会扮形和扮声。扮声，即是连歌也要唱好：“如果是变性人，很多时都会用对嘴的方法。因为就算我们的声音再高，也有一定的限度，如果集中火力去唱高音，表情就会做得不好。所以，扮声的变声模仿艺人，都会先把歌录好再对嘴。这样，表演就完美一点。”榛名小姐说。

■ “本来，我自己的声线都很高音。”榛名小姐说，“但是，到了二十岁左右，怕自己会长肉，于是每一天扣喉三次，一吃便吐，结果不小心弄伤了喉头的黏膜。有半年时间，我只可以用笔跟别人沟通。复元后，因为要跟店内的客人喝酒，客人又抽烟，结果声线就变得低沉沙哑了。”

■ 榛名爱最有名的是，她不只扮松浦亚弥唱歌，最好看的是，她会剪辑松浦亚弥在演唱会上的 MC 部分，先唱一节短歌，再对一段 MC 稿，再唱一节短歌。

■ “当年，在电视上看到松浦亚弥，心想，糟了！有强劲的对手出现。她歌唱得好，样子可爱，很会跳舞。但是，Ayaya（松浦亚弥）最好看的是，她在演唱会上的 MC，很吸引。一个偶像，连说话都有趣，可以牵动现场气氛，她就是完美。”

■ “而且，在模仿的表演过程中，只是扮唱歌的部分，过场音乐那段时间，就会很易有冷场。在小酒馆表演‘对嘴 Ayaya’时，如果只是扮歌舞的部分，客人会很快看厌，所以加入了 MC 的部分。”

■ 因为榛名小姐认识藤原纪香，而藤原纪香就在她结婚的派对中，要求榛名小姐以“对嘴 Ayaya”娱宾，“场内有很多电视台的监制和导演，他们看到我的表演，就叫我上电视。”

■ 后来，榛名小姐竟然连官台 NHK 都攻破了：“有些变性人的前辈姐姐，说在 NHK 看到我，都很兴奋，又赞我，肯定了我的努力。每次表演的时候，为了气氛和搞笑效果，都会摸一摸自己右边的乳头。”最近，就跟松浦亚弥一起上电视节目，在本尊面前，照模仿无疑“她们都说，日本还有没有将来呢！哈哈哈哈。有很多观众（NHK）不看别的电视台啊！他们看到我，一定会给吓呆吧！”

■ 走红了两年左右，大家也看厌了松浦的故事，榛名不再有“新鲜感”。于是事业有一点走下坡。对女艺人来说，走下坡的艺人，最好的反弹方法，就是减肥，或是得到国际认同。在榛名的自传中，有这样的一段独白。他说，他在十九岁的时候已经有决定，想要变成女人。日本人在“变性”这行为上，很少会直呼其名，而会用上很含蓄的方法去说，如“变成真正的女人”，或是“想成为一个女生”。他去看变性的医生，医生就一而再再而三地问他，“你真的想变成一个变性人？抑或其实你不变性也可以过你希望过的生活？”

■ “当时我问医生……”榛名说，“我可以把一些精子先留下来吗？”因为他是家中独子，他感觉到传宗接代的压力。“后来医生说，如果我仍有牵挂，就不应该做手术。后来，还是把东西切了。”

■ 现在的榛名爱，是谐星，也是歌手。在电视上经常会看到她，总是快快乐乐地娱乐大家。电视镜头前，私底下访问，她都会说：“我现在过得很幸福。可以做自己想做的工作，可以令大家都觉得快乐，这样的生活不是很幸福吗？”

## 话题　市场　生存空间

■ 男同性恋者，只要有话题，就会有市场，自然在媒体有生存空间。那等如日本是一个很性平权的国家吗？你看看，我一直都只在说“男”同性恋者，而没有谈“蕾丝边”的女同志。因为，女同志在日本媒体，几乎是灭声的。

■ Again，男同志在媒体上有地位，都是因为有吸睛力和吸钞力而已。以上说出来的几个日本男同志，他们被膜拜、被景仰、被捧成老师，原因是他们拥有特别的能力和话题性。

■ 说到底，在整个媒体界，不论是听说跟女生玩得厌了转玩男生的杰尼斯系偶像ＴＨ，听到老板的命令就实时会见老板的ＭＧ和ＫＭ，有事没事都待在自己好朋友家里的高音歌王ＨＫ，以至扮指挥从而虏掠不少少女心的ＴＨ，有说都是有名而且性需要不浅的同性恋者。

■ 如果他们有一天可以走出来，好像历奇马汀（Ricky Martin）一样说：“对，我是同志。”日本才是一个真正 gay friendly 的地方。

# 裸祭：身体的虔诚

撰文、摄影 | 蒋丰　部分图片 | 福岛县观光协会，岩手县观光协会

## 从日文汉字认读说到日本的"祭"

■ 曾有人说，对于中国人来说，日语的汉字就是"陷阱"。我想，这是因为汉字起源于中国，移植于日本，但常常让人忽略的是，在这个"移植"过程中的"变异"。大和民族或者让外来汉字悠然穿过千年时空保留古意沿用至今，或者在汉字的基础上潜心独创出仅仅存在于东瀛的一百多个"国字"，或者犹如"山寨版"一般搞出不知多少"和制汉语"。

■ 结果，多少年来，中国人看到日文汉字后，先是油然为我中华文化的远播升起一股自豪之情，后是对邻国"小日本"悄然产生一种轻视之感，在两种情感错综复杂的裹挟之下，凭借着自身的学识水平，开始对日文汉字进行认读，或者"望文猜字"，或者"秀才念偏旁"，或者"囫囵吞'字'"，最后往往是歧义丛生，落入到"陷阱"之中。

■ 回到我们今天要谈到的日本的"祭"。先说今年 2 月，应中国驻名古屋总领事馆的邀请，我去采访"第五届名古屋中国春节祭"活动。看到"春节祭"三个日文汉字，中国人的第一感觉会是什么呢？一位国人回答我："祭，就是祭祀、祭奠、祭典，就是拜老祖宗。'春节祭'肯定是在春节期间祭祀祖先。"这是一种典型的解读日文汉字的"望文生义法"。

■ 那么，如今在日本社会各地一年四季都会出现各种各样的"祭"，究竟是一种什么活动呢？或者说翻译成为中文以后，用什么样的词汇表达才算贴切呢？我看到有的人将其译为"庙会"，有的人将其称为"节庆"，有的人写作"民俗节日"，真可谓众说纷纭。

■ 在我看来，日文汉字中的"祭"以及演绎至今的繁多活动，已经没有与之对应的一个中文词汇可以表达了，也就是说，是不能用中文"一词以盖之"的。它只可意译，不能直译。日本的"祭"，是一种传承着日本文化、传统、民俗乃至精神底蕴的节日活动。这样说，或许是我学识浅薄的结果，也或许是一种文化的悲哀。

■ 关于日本的"祭"，我最近还看到北京第二外国语学院日语学院教授周洁主编的一本名为《日本的祭礼》（世界知识出版社，2010 年 7 月第一版）的书籍，里面强调"祭礼是现代日本最具大众化的一种传统文化。它源于日本的稻作、农耕文化，在日本这个四面环海的山国，对自然的崇拜也使日本产生了各种各样的神。"这次，我想跳过这些学术型的论述，讲讲今年在日本经历的几次"裸祭"，从中或许可以看到日本"祭"的另外一面。

## 圆藏寺的"七日堂裸祭"

圆藏寺修建在只见川一侧的山上。

■ 我知道，在日本，这不算是"新年第一裸祭"。但是，从规模上说，每年 1 月 7 日在日本福岛县柳津町"圆藏寺"举行的"七日堂裸祭"，是日本东北地区的三大祭之一，理应还是抓人眼球的。

■ 说起"圆藏寺"这座寺院的历史，一直可以追溯到 1300 多年前的 807 年（日本的大同二年），它是会津一带的名僧德一大师创建的。寺院内供奉的"福满虚空藏尊"则是日本真言宗的开山祖师弘法大师空海亲自监制的，也是日本拥有的三大虚空藏尊之一。这里，至今还流传着弘法大师在雕刻空藏菩萨时，把木屑扔到只见川内瞬间变成罗雅鱼的故事。现在仍耸立在大岩石上的本堂——菊光堂，重建于 1830 年（日本的文政十三年）。

人们顺着草绳爬上菊光堂的房梁，争相抚摸鳄鱼嘴。

裸身男子们不顾严寒往身上撩水，以净身奉神。

我推算了一下，这个时候应该是中国清王朝的道光年间。每年的1月7日，圆藏寺都要举行名为“七日堂裸祭”的传统活动。我看到寺院内篝火熊熊，来自当地和东京、仙台等地的大约350名男性，各个都头上扎捆着白毛巾，身上只穿着或者是白色或者是红色的兜裆布，在寺院内原地跑步、热身。

■晚上8点半钟，当僧侣力撞的钟声准时地响起后，只见这350多名年纪不同的赤裸男子不顾寒冷地高声大喊着“哇义啸，哇义啸”，抢步冲上留有厚厚残雪的113层台阶。冲进菊光堂(本堂)后，他们在一个大水池前，有的往自己身上撩水，有的往他人身上撩水，有的干脆跳进水池内，过一遍水后就又跳了出来。这一切，都是为了一个“净”，这在日本每一个寺院和每一个神社，几乎都是参拜活动前的一个必经仪式。

■在菊光堂正中，从房梁上下悬着一根粗粗的草绳，接近房梁处高悬着一面圆圆的金钟。这些赤裸的男人们再次高喊起来，周围围观的信者与游客也高喊起来，整个大殿回荡着这些喊声，让一般人无法听见说话的声音。几个赤裸的男人走了过来，看起来是争先恐后、实际上是安排有序地攥着绳索往上攀登，很快，一个人抚摸到那个金钟的鳄鱼嘴了，瞬时间，全场轰动起来。

■据说，能够安全爬上菊光堂房梁的人、能够第一个摸到鳄鱼嘴的人、能够攥住那个草绳的人，都能够在新的一年里获得平安、幸福。

■看着眼前的情景，我想到日本的“祭”许多是与“裸”联系在一起的。当许多人还在寻问日本的“祭”与中国的“祭礼”、“庙会”、“节日”有什么关联与区别的时候，我则想说:在这个世界上，没有一个国家、没有一个民族，如此频繁地把“裸”与精神盛会——“祭”紧密地结合在一起，并且如此坦诚地呈现在世间。

## 西宫神社的“福男选拔”

■日本兵库县西宫神社1月10日清晨举办“福男选拔”活动，吸引来自日本各地共3000名男士前来参加。连续3年进行挑战的兵库县高砂市一家公司26岁的员工竹本陵平成为2011年“第一福男”。

■该神社一年一度“福男选拔”活动起源于镰仓时代的传统神事活动，在每年新年期间举行。活动当日凌晨，所有参赛者就开始在神社外排队，只等清晨6时，太鼓声起，神社东侧的大门一开，大家便开始沿着参道拼命狂奔230米。他们的目标是第一个到达神社本殿，前3名到达都算是新一年的“福男”。据说，神会保佑“福男”们在新的一整年中都很有福气，因此每年都会吸引日本各地的男士们前来一试身手。

■去年，西宫神社内增建了“祈祷殿”，奔跑的“福男参道”路线有所变更，出现了急转弯的地方，但前往参加“福男选拔”的男士人数仍然达到3000多名，竞争格外激烈。从第一排中央出发的竹本陵平上来就一路领先，多年从事棒球的结果让他健步如飞，他自豪地夸奖自己:“并没有因为连续3年参加就有所松懈，所以才能成为第一福男。这样看来，今年还要好好玩棒球。”

■值得提及的是，与兵库县西宫神社“选拔福男”活动相似，每年2月20日在日本冈山县西大寺观音院也举行“争当福男”活动。去年2月20日晚，9000多名只穿兜裆布的赤裸男子聚集一堂，争抢寺院住持从“御福窗”扔出来的两根长度为20英寸、直径为4英寸的被称为“宝木”的木棍，抢到手里的人就是当年的“福男”。这种“宝木”应该是生殖器崇拜的一种表现。

■为什么在日本同样是新春竞选“福男”活动，有的地方在神社举行，有的地方在寺院举行?有的是以激烈跑步的形式争夺，有的以是裸身抢夺的方式获取?这些，看来都是值得玩味的。

## 左女川神社的“寒冬禊”

■日本，北海道，“一庭飞雪影翩翩”的季节。这时，人们会想起那个美丽的传说——

■说起来是1831年1月15日的事情了。那天清晨，日本北海道木古内町佐女川神社的神主醒来后，仍然在痴迷地回想着自己刚才的梦境，他想起来了，有人在他的枕畔轻声地说“去，把神像洗干净!”于是，他立即起身，抱着神像向神社下面的左女川走去。来到河畔，他脱光衣服，吃力地打碎坚冰，用那冰冷的河水洗涤自己的身体。然后，他抱起神像准备洗浴，抬眼望去，只见河流奔涌，波涛滚滚，一条巨大的鲛鱼上下翻腾着，鲛鱼的脊背上居然坐着一位身穿白衣的美丽女性。神主揉揉自己的眼睛，有点儿不相信眼前的情景。当他确认这位美女还

首席祭司野村广章为修行者们驱魔

准备完成，出发！

御神体的海中祭祀，津轻海峡木古内湾

首席祭司野村广章为修行者们驱魔

雪上的祭典，太鼓表演

集中精神准备祭典的修行者

第三年担任捧着五谷神御体职责的村上骏弥

在的时候，就坚定地相信这位女性一定就是神派来的神圣的使者。他不敢亵渎美丽的使者，抱着神像几次潜入河水之中。谁料，当神主凫出河面，心有不甘地再次凝神寻找美女时，美女不见了。那条巨大的鲛鱼也缓缓游向上流，渐渐地，渐渐地在一块沼泽地里消失了。沮丧的神主抱着神像再次入河，拼命地洗自己好似不干净的躯体，拼命地洗神像。出人意料的是，那一年，村里居然农渔业同时大丰收，硬是从“天保大饥灾”中熬了过来。

■ 我想，这个情色兼俱的传说里面，更蕴含着人们对饥饿的恐惧，对丰收的渴望，对裸力的崇拜，对神道的信仰，当然，也有对偶遇美艳的眷恋。从那以后，每年的 1 月 13 日，都会有 4 名年轻的男性“修行者”在北海道木古内町佐女川神社旁洗冷水浴。1 月 15 日，他们还要抱着名为“别当”、“便财天”、“山神”、“稻荷”的 4 个神像到极度寒冷的津轻海峡，祈祷当年农渔业的丰收。

■ 1 月 13 日晚上 7 点，这项名为“寒冬禊”的传统活动仪式开始时，当地气温为零下 7 摄氏度。在雪花纷飞的天气中，4 个年轻人一边齐喊口号一边用力互泼冷水。他们的嘴里都紧紧咬着事先准备好的白布，坚持到仪式结束。

■ 值得一写的是，日本神道的活动常常是排外的。但是，在今年的“寒冬禊”的修行者中，来自秋田县汤泽市的一位 19 岁的大学一年级学生藤原哲郎成为首名被选中的外地人。

## 黑石寺的“苏民祭”

■ 在我看来，承载千年历史的民俗活动一年一岁地流传到今天，就不仅仅是一种传统的延续，更是一种文化血脉的传承了。

■ 2 月 9 日晚至 10 日清晨，在日本岩手县奥州市水泽区的黑石寺内，大约 60 多名全身只穿着白色兜裆布的男性兴奋得几近疯狂地争抢着一个“苏民袋”，以此祈求今年的五谷丰登和无病无灾。据说，这项被称为日本东北地区“三大祭”之一的“苏民祭”活动已经拥有 1200 年的历史。

■ 说起来也有意思，这项具有千年悠久历史的“苏民祭”活动，一直都是由男人们全身赤裸着参加的。但是，伴随着时代的迁移，这种赤身裸体的民俗活动，招来了“不雅”的指责，“传统”在“现代”面前举手投降，从 2008 年开始，参加“苏民祭”的男人被要求必须穿兜裆布了。当然，这种兜裆布有一个好听名字的，叫做“苏民袋”。也就是说，这项活动穿上“苏民袋”仅有 4 年的历史。

■ 净身，前来参加这项传统活动的男人都要首先赤裸地用寺院境内的“琉璃壶川”水洗身。当一桶又一桶零下三度的凉水冲洗在身上时，他们都情不自禁地高声喊起了号子。然后，他们浑身冒着白烟一般地环绕着药师堂、妙见堂参拜、巡跑。

■ 入夜的 11 点，参加“苏民祭”的裸男们搬运松木，搭建出一座高高的被称为“柴木灯”的木架。然后，他们手持木棍攀登上柴堆，全身接受火焰之烟的洗礼。

■ 凌晨 2 点，钟声响起。黑石寺的住持手捧着看似麻布做成的“苏民袋”，在一群手持木棍、火把、枯枝的护卫们的打鬼开路之下缓缓走进药师堂，与手持法螺贝、身背太鼓的人一起祈求今年五谷丰登，无病无灾。

■ 凌晨 4 点，两个身穿麻衣、手持木斧与小槌、背上背着一个倒挂的鬼面具的 7 岁男童出现了，他们就叫“鬼子”。两个“小鬼子”在药师堂外面跳起舞蹈，类似一种翻越火堆的仪式。身穿兜裆布的裸男们纷纷爬上药师堂的门柱，攀在上面观看这个仪式，并且两部轮唱般地喊出既雄壮又猛男的呼号。

■ 凌晨 4 点半，压轴大戏“苏民袋争夺合战”开始了。在药师堂，住持把装有刀的“苏民袋”潇洒地甩出去，赤裸的男人们开始疯狂地跃身争抢。他们从寺庙奔向雪原，这种争抢与其说是要表现一个结果，不如说是要展示一个过程，整整历时一个半小时。其间有的人的兜裆布居然被扒了下来。我想，这是一种赤裸的“回归”吧。

■ 结果，居住在花卷市的 34 岁的木匠佐佐木真夺得了 2011 年的“苏民袋”，同时获得了一俵（60 公斤）大米的奖励。

■ 宇野正人在监修的《祭典与日本人：探索信仰与习俗的根源》一书中指出，许多日本的古老传说里面融合了中国的传说。这些，后来又被改编成为佛教的传说，“苏民祭”就是从这些传说中演绎而成的。其实，所谓的“苏民”，的确是传说故事中的一个人名。因为苏民先生热情招待了假扮成穷人前来造访的神明，所以，神明就保证今后要好好守护苏民的子孙。

■ 回味日本千年民俗能够传承下来的原因，我想，应该是那一颗追求健康、平安和衣食足安的心永远未变。

来参观裸祭的先行者们

亲子寒水浴

# 番锻冶 · 菊御作 · 一文字

撰文、图片 | 汗青　绘图 | Aka

■ 不管是谈日本刀本身，还是谈日本刀的源起、发展和文化，都必须先搞清日本刀的种类，不然无从谈起，必然会听得一头雾水。其实日本刀的分类，本身就是个相当复杂的问题，因为可供选择的方向有好几种，每种下还有很多各自的分支，

■ 因此我们只能简略地做个介绍。日本刀分类的大方向，可归纳为两个，一以制造年代区分，或以用途和款式区分。以年代划分，则日本刀可分为上古刀、古刀、新刀、新新刀、现代刀。

■ 以用途和款式分，短柄刀的大类有太刀、打刀、胁差、短刀，长柄的则主要是薙刀和枪两种，像长卷这种和薙刀非常接近又几乎消失的武器，可以和薙刀归在一起。另外在很多时候，枪类武器也是会被纳入广义日本刀范畴的，如菊池枪等。

■ 事实上，广义上的日本刀概念几乎可以包括所有冷兵器。因为日本的冷兵器在大多数情况下，都只靠一根竹制的目钉来固定及连接刃体和装具，可以随时拆卸异常方便，而且长兵也确实经常会被改为短兵使用，其鉴赏方法也和刀类武器一致，所以很多时候只要是武器前端的金属刃具，都会被模糊地归进广义的日本刀概念里。我们时常在一些日本刀图鉴之类的书籍里看见枪、剑等兵器，就是这个原因。

## 战争中的演变

■ 平安时代（The Heian Period）末期以前的刀，被称为上古刀。

■ 事实上要精确地指出哪一年之前是上古刀并告之为什么要如此区分，是不太可能的。但大家又确实需要有一个划分的界限，所以大多数人认为以永延年（Eikan，公元 987 年）为界比较合理，因为这之后的日本刀已基本成型，所以便将这永延年之前划分为上古刀期。

■ 上古刀，是不归入经典意义上的日本刀范畴的。

■ 之所以会这样，是因为平安朝之前的整个时间段跨度极大，而且刀剑种类繁多、形制复杂，另外还有相当部分刀具并非为日本本土所产，或者是仿造外来兵器的本地产品等等。事实上，这个时期之前的日本兵器形制基本是跟着中国走的，从出土文物来看，与中国汉代到唐代的同期兵器之形制基本如出一辙。因此上古刀不被归入经典日本刀体系的本质，是在于平安时代之前的日本刀缺乏本土传统文化内涵，自身又没有形成完整的体系，故这一时期的刀具被划出了经典意义上的日本刀范畴。

■ 平安时代，是日本刀剑史上的转折期。日本刀剑正是自此开始了自己的发展轨道，从之前跟着中国亦步亦趋地学步行进，尤其是奈良时代的几乎完全唐化，发展为独自行走。

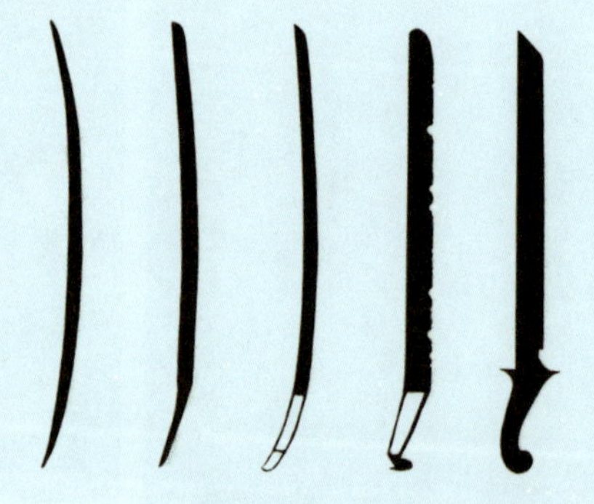

蕨手刀、兵库锁太刀、传统日本刀的演变关系。

平安时期的毛拔形透蕨手刀。这在当时是一种带有地域色彩的武器，一般认为这是阿努依人或者根据阿努依人武器改良的结果。从这柄蕨手刀茎与刃的角度，我们可以清晰地看到此后毛拔太刀和兵库锁太刀的影子。自此，日本刀逐渐与中国大陆的刀剑形制分家。

■ 这种变化，主要有两个原因。一是中国大陆自唐末起，其冷兵器制造技术急剧退化，从某种意义上说日本在冷兵器制造上从中国大陆已学无可学；二是日本国内战争中的战斗方式有了急剧变化，从延历十六年（公元 797 年）的第三次虾夷讨伐战起，到平将门军的天庆之乱和藤原纯友之乱（公元 939—940 年）的这一时段内，日本刀完成了从适用于步战的直刀到适用于骑兵作战的弯刀的变迁。

■ 当时的日本政府军，在第一、第二次虾夷讨伐战中，遭遇了关东北部地区的阿努依人骑兵部队，加上其他原因，讨伐失利。在第三次讨伐时，部分政府军也改用了柄与刃带有角度的刀具并使用了骑兵部队。在讨伐胜利后，政府军开始尝试成规模的骑兵作战，同时因获得了马匹生产地，

战马来源得以解决，因此到了天庆之乱阶段，军队的主要作战力量已从步兵升级为骑兵。

■ 虽然对传统日本刀是否由蕨手刀发展而来，目前还没有获得确凿证据并就此定论，但大部分学者都认为，盛产于关东北部地区和北海道地区的蕨手刀，与后来的传统日本刀的产生及定型，有重大关联。

■ 当时为了适应新出现的马上对马上、马上对地面等战斗形式，军人们的武器从徒步战使用的直刀，逐步向利于马上、以拖砍造成杀伤的带弧度的弯刀发展，而柄与刃有着一定角度的蕨手刀，成为了其中的转折点。

## 古刀"名物"

■ 从平安时代末期到庆长年(Keicho，公元1596年)之前的刀剑被称为古刀。

■ 古刀期是日本刀历史上最重要的时期，时间极长，达600余年之多，也是日本刀文化及制造技术同时突飞猛进的成熟期和黄金期，目前日本刀体系的大部分规范，都基本形成于这一阶段。

■ 古刀期的刀工和流派都极为丰富，应该说，日本刀制作流派的主要流派和风格，如"五大传"等，就均大成于这一时期，之后只是出现了一些分支及一定程度的变化而已，再没脱出过这个范畴。

■ 这一时期宗师级的名刀工也如过江之鲤异常繁多，为大家所熟知的正宗、村正等人就都出现于这个时期，这些古刀期名匠们所造之刀，在日本国宝级的刀剑里占了相当大的比例，像鬼丸国纲、龟甲贞宗、石田正宗、妙法村正等名物，就是他们的杰出作品。

■ 在欣赏日本刀时，经常会出现一个词——"名物"。这个词一般当"特产"、"有名的"解释，在不同场合有特定的用法。譬如在说食品时，可以马上食用的才能说"名物"，如"名物柿叶寿司"，而面粉就不可以用"名物"来称呼了，除非这面粉可以直接吃。

■ 当刀被冠以"名物"时，情况比较复杂，肯定是不能作"特产"说了，可也不单是"有名"之意。

■ 如"名物"石田正宗、妙法村正等，都是特指这些名家作品中的某一柄，通常这些刀都来历特殊且广为人知，像"石田正宗"是安土桃山时名臣石田三成所持刀，"妙法村正"则是刀身刻有"妙法莲华经"五字和图案。比较例外的是"名物庖丁正宗"，这个"庖丁"是指某一类形状的茎，这种茎仅见于正宗的短刀，有三口被指定为国宝。不过也由于只有这三口，所以一般场合用"名物庖丁正宗"这个称呼，大家都知道你说的必然是这三口刀或者其中之一。实际上这

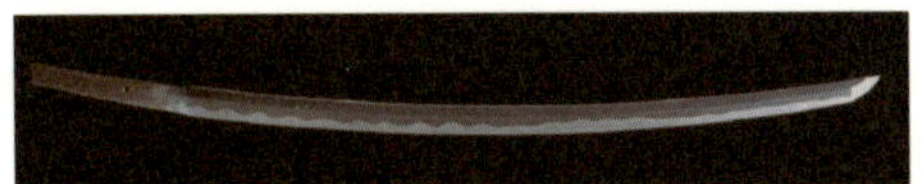

名物石田正宗，安土桃山末期丰臣名臣石田三成佩刀。

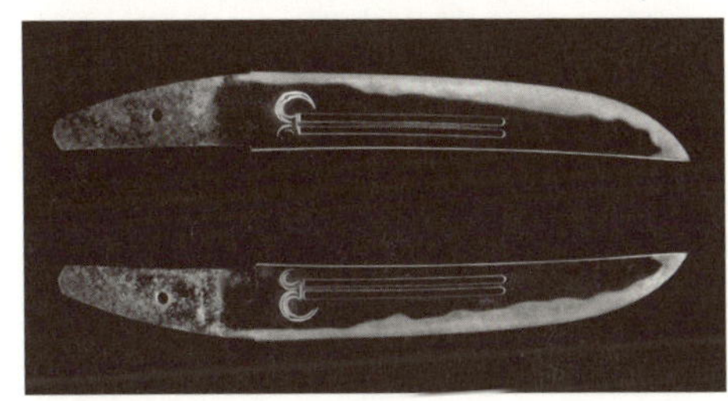

名物庖丁透正宗

三口各有自己的名称，如其中一口全名叫"庖丁透正宗"等。

■ 总之，只是名家作品是不能叫"名物"的，刀前凡冠以"名物"字号，不是其来历有名，就是其本身有异常特殊之处以致世人皆知，且大都是独一无二的，故"名物"刀必非凡品。

## "番锻冶"与"菊御作"

■ 古刀期有一位非常有意思、讲日本刀必须要提到的名刀工，那就是日本第82代天皇(公元1183——1198年在位)、镰仓时代的后鸟羽上皇。

■ 这位后鸟羽上皇非常喜欢造刀，而且技艺极好，他设立了著名的"番锻冶"制度，因为这是天皇设立并亲自参与的，所以也叫"御番锻冶"。后鸟羽上皇在自己所造的刀上会铭以皇室的菊纹，故其作品被称为"菊御作"。据说他的烧刃技艺是传自当时名家粟田口久国和备前信房等人。

■ 后鸟羽上皇创造的"番锻冶"制度，是日本刀历史上的一件大事，此制度直接导致了此后一段时间内日本刀制造技术的突飞猛进，刀工地位急剧上升，后鸟羽上皇因此被尊为日本刀的中兴之祖，在日本兵器史上享有极崇高的地位。

■ 镰仓初期，武家制度逐渐完备，源、平两大武士集团并立，后来掌权的北条家也开始显露头角。这些武士集团的迅速崛起，使得各地豪强互相兼并的战乱不断，同时也使武士这一新兴贵族阶级日益强大，导致以幕府为代表的"武家"与以天皇和公卿为代表的"公家"矛盾日益尖锐。在这种背景下，全国的武器需求量也急剧增加。

■ 当时的后鸟羽上皇，正在为收回幕府武士集团手中的权利而努力。

后鸟羽上皇的菊御作太刀，菊纹，东京国立博物馆藏。这口菊御作的茎非常有特色，这是由于“御番锻冶”所造刀相当部分被皇族和公卿所用，因此要符合仪式刀装的形制而致。

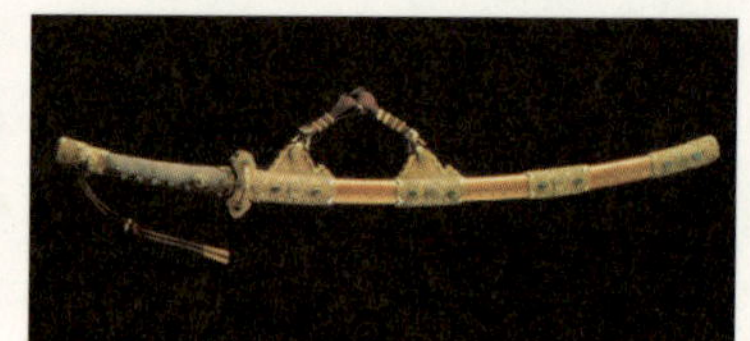

太刀拵，小田原藩大久保家传。小田原藩的大久保加贺守忠真在担任京都所司代（1815-1818）后，觐见第120代仁孝天皇时使用。此刀制作耗时三年。太刀拵是源自平安时期的朝廷最高等级仪式用太刀外装形制，只能用于朝廷最高仪式并且只有皇族及参议以上的公卿可佩用。
［右］德川家传太刀拵局部放大，德川美术馆藏。

| 月份 | 国别 | 刀工 | 锻冶奉行 |
|---|---|---|---|
| 正月 | 备前国 | 则宗 | 大宫中纳言俊当，三位僧都尊长 |
| 二月 | 备中国 | 贞次 | |
| 三月 | 备前国 | 延房 | 大政大臣二位宰相，新中纳言范义 |
| 四月 | 粟田国 | 国安 | |
| 五月 | 备中国 | 恒次 | 中纳言康华，三位中将实康 |
| 六月 | 粟田国 | 国友 | |
| 七月 | 备前国 | 宗吉 | 新中纳言重房，光亲朝臣国纲 |
| 八月 | 备中国 | 次家 | |
| 九月 | 备前国 | 助宗 | 二位中纳言雅经朝臣，宰相中将资兼 |
| 十月 | 备前国 | 行国 | |
| 十一月 | 备前国 | 助成 | 二条中纳言有雅朝臣，大炊御门三位 |
| 十二月 | 备前国 | 助近 | 御太刀磨（研磨师）国弘、为贞 |

■这位4岁继位、19岁退位的青年热血上皇，同时也是一位收藏和造刀名家。承元二年（公元1208年），后鸟羽上皇29岁，正是年富力强之时，他召集了全国各地造刀名家，在山城国乙训郡水无濑（现在大阪府三岛郡水无濑宫）开始造刀，创立了日本刀历史上著名的“番锻冶”制度。

■这一制度是每月由一位名刀工担任“番锻冶”的笔头当值造刀，同时由两名大臣一起担任两个月的“锻冶奉行”。正式的“番锻冶”制度约延续了十四五年，一直到承久三年（公元1221年）公家和武家对决的“承久之乱”，后鸟羽上皇讨伐幕府战败被流放隐岐结束。

■在后世的一些书籍中，还有诸如“御鸟羽院御宇二十四人番锻冶”、“隐岐国番锻冶”等这样的一些说法，涉及的刀工合计达四十名之多。

■这些“番锻冶”说，经学者们考证，确认属后人的附会或讹传，其原因无外是刀工一旦身列“番锻冶”就身价倍增，因此不断有人敷衍成各种版本，实际上根本就不存在，不足为信。真正参与“番锻冶”的刀工，只有上述之十二人。

## “一文字”与“长船”

■“番锻冶”所产之刀，全为当时名家所制，又多为公家所用，故姿态大多十分优雅，堪称品质优良、神形具佳，乃是当时刀中上品。而其中有相当部分作品的刀铭是个“一”字，因刀铭的关系，这种“一”字铭刀被称作“一文字”刀，到了后世“一文字”甚至成了良刃的代名词。

■这种在历史上声名显赫“一文字”刀，是来自“番锻冶”中以则宗为首的备前“一文字”派刀工。

■备前“一文字”派，是个统称，后来又发展出了很多分支，为了区分这些不同的“一文字”，往往在“一文字”之前还会再冠以其他名词，如吉冈一文字、片山一文字、正中一文字等，一文字的代表刀工先后有则宗、宗吉、吉房、则房、助真、助光等人。

■另外，身为“番锻冶”笔头首月当值者的则宗，因技艺高超，被后鸟羽上皇允许在作品上使用“菊纹”这一皇室标记，所以则宗这一门又被称为“菊一文字”，备前的“一文字”派，就始于则宗。

■则宗一脉的重花丁子刃文极有特色，日本人说其“犹如盛开的八重樱和沈丁花（我国叫瑞香花）花瓣一般”连绵不断，而备前一文字的刀风也因此被称为日本刀历史上最为豪壮华丽的风格。

■实际上，我以为“盛开”一词并不足以表达备前一文字刀风，这样的描述，雍容华丽有之而豪壮之气不足，我宁愿使用“怒放的八重樱和沈丁花花瓣”这样的词句来描述备前一文字刀风。

■备前传的“一文字”和后来的“长船”两派，是支撑起备前刀派的双璧。

■而备前派也是日本刀历史上刀工人数最多的流派，据说在其最庞大的时候，同时有两千多名刀工从事造刀业。从这个角度看，称其为日本刀最大的流派并不为过。

■在这里，有关刀工的流派问题也要说一说。一个刀工，通常以其所属师承和地域以及个人风格的大致倾向来区分其流派，但有的时候也不尽然。如后鸟羽上皇其人，其烧刃技艺传自山城传的粟田口久国和备前传的信房两人，菊御作表现出来的烧刃风格两者兼而有之，带有明显的备前风。但“番锻冶”所在地是山城传的中心，造刀五大传在锻冶手法上有一定的区别，比较明显的是在地铁上的表现。从风格看，后鸟羽上皇作品中山城传的成分又要多点。因此认真说起来，是很难把后鸟羽上皇确切地归入哪一派的。另外还有很多刀工的个人风格可以分为好几个时期，而且各时期风格变化很大，因此很多时候就只能重其名而弱其流派了，这种情况也是相当常见的。

■ 因为“番锻冶”由来的特殊性，所以日本历史上很多武士、武将、大名都非常喜欢“一文字”刀，其中则宗一脉的“菊一文字”更是备受推崇，以致在后来各种文学作品中屡有出现，其中最有名的，只怕是司马辽太郎作品《新选组兴亡录》里那位美少年剑客冲田总司所持的那柄“菊一文字”了。在我身边的范畴里，凡是爱看日式动漫的，包括成年人及女同胞在内，几乎都知道。

■ 但这些文艺作品在日本以外地区所造成的副作用是，相当部分不清楚日本刀历史的人，会以为“菊一文字”是一把刀，“村正”是一把刀，“正宗”也是一把刀等等。殊不知这些全都是流派或刀工的名字，“菊一文字”和“村正”“正宗”，其实有很多把。而更不为人所知的是，这其中的一些刀虽然是某些名家所作，但因为作品本身并不出色或者保存不佳等各种原因，价格也并不很昂贵。

■ 当然，所谓的并不昂贵是指和这些名家们的名作价值相比，一般人还是会觉得很贵的。

则宗，无铭，生茎，长二尺五寸七分。此作强踏张，小锋腰反太刀姿。地肌为板目肌，地沸，有映；刃文小乱、小互目交，小足入，沸厚，金筋、砂流俱备，极典型的备前古一文字风格。

福冈一文字太刀的“一”字铭，由于茎磨上，所以“一”字有部分缺损。这种茎末尾所开之穴，叫“忍穴”，多见于镰仓时期的长寸太刀。后来肥后的同田贯作品及幕末反政府的萨摩藩士武器上也有所见，其作用是为了应付由于大力砍劈造成的冲击而加强柄卷。

## 式微与复古

■ 从庆长年开始到江户时代（The Edo Period）末期明和年（Meiwa，公元 1764 年）之前的刀剑，谓之新刀。这一阶段约 200 余年，亦有它说，但时间差距不大。

■ 应该注意的是，新刀期对日本刀制造技术的发展影响至关重要。

■ 在进入江户时代后，大规模冶炼的出现和冶炼技术、流程的规范化，以及大名参勤交代制度导致的国内交通迅速发达和因此而来的人员流动，使得刀工们越来越多地使用商业成品钢，因此新刀期绝大多数作品的风格，与古刀期作品比，有相当清晰的区别，这是鉴定和研究日本刀时需要非常重视的一个要素。

■ 在这一时期，也出现了相当多源自“五大传”之下的分支流派，并且互相影响和借鉴，以至造刀流派的风格变得异常繁多而复杂，但整体来说因这一时期承平日久，所以更注重形式感而偏重观赏取向，如刃文的华丽多变及外观的装饰等，与古刀的古朴厚重、注重韵味的审美风格大相径庭，同时这也是日本刀逐步趋向某种程度规范化的时期。

■ 由于新刀期的刀极为注重艺术观赏取向，因此出现了一些出身自刀具外装、金属雕刻、甲胄师等相关行业的名刀工，如埋忠明寿、一竿子忠纲、长曾弥虎彻等人，他们的作品往往具有极高的艺术鉴赏价值。当然，也有以作品风格和性能强悍而著名的刀工，如长曾弥虎彻、井上真改等人，这类刀工的作品风格往往更近古风，譬如虎彻和真改的很多作品就有着明显的相州遗风，其实不但这两人如此，这一时期的名刀工，绝大部分或曾一度带有浓郁的相州风，这也是新刀期内很有意思的一个现象。

■ 新刀后期，由于各种原因导致日本制刀业日趋式微，因此刀的品质下降比较明显。

■ 而从江户末期到 1876 年日本政府颁布“禁刀令”之前，也就是幕末（The Bakumatsu Period）到“明治维新”这一时期的刀被称为新新刀。这一时期相当短，只有百余年。然而正是在这一时期，传统日本刀制造技艺陷于历史最低的谷底，品质及艺术观赏性都不好的产品比任何一个时期都多见。

■ 随着时代进步，冷兵器逐渐被火器取代，而西方冶炼和锻造技术的传入，又对日本传统制刀产业产生了沉重打击，这种种原因使得传统制刀技术日趋式微，因此才有了水心子正秀及源清麿、壮司直胜等人发起的日本刀复古运动。这些因时代背景和科技进步造成的动荡，使这个时期的日本刀如果从鉴赏角度看，虽然有个别杰出刀工的表现出色，但大多不尽人意。其材料也多为高温冶炼的成品钢，因此其性能虽然并不差，但文物、文本及审美价值却普遍不如古刀和新刀。

**富野由悠季**

日本著名的动画监督、小说家。1941 年 11 月 5 日出生于日本神奈川县小田原市，日本大学艺术学部映画学科毕业。本名为富野喜幸（喜幸音同由悠季），富野由悠季是自 1982 年后，用在原作、监督、小说以及一般媒体上的名义，并延用至今。

**生涯年表**

1964：《铁臂阿童木》演出／于手冢治虫的“虫 PRO”开始动画生涯，1968 年，富野离开虫 PRO，同时也辞去了讲师一职，再度投入动画业。十来年内，富野接了大量的外注分镜工作，他以快速而便利的名声著名于业界，其足迹几乎遍布 20 世纪 60 年代后半到 70 年代多数主要动画。1972：《海王子》监督 1974：《小天使》演出、分镜 1975：《勇者莱汀》前期监督／在新兴工作室创映社（日升动画的前身）的草创成员之一涉江靖夫的引荐下，接任 1975 年的《勇者莱丁》监督一职。可是由于赞助商和电视台对此片的诸多干扰，富野在两季后被解任，但仍旧待在续任的长滨忠夫监督手下做事，并继续与创映社合作。1976：《万里寻母》演出、分镜 1977：《无敌超人 ZAMBOT 3》监督 1978：《无敌钢人 TITAN 3》监督 1979：《机动战士高达》监督／《机动战士高达》播映当时虽历经多重波折，但在隔年受到革命性的支持；伴随着模型爆发性的热卖及电影化，富野一跃成为动画界最知名的导演之一。1980：《传说巨神》监督 1982：《战斗机械 XABUNGLE》监督 1983：《圣战士 DUNBINE》总监督 1984：《重战机 L-GAIM》总监督 1985：《机动战士 Z 高达》总监督／这一年可说是富野个人的一大转折点。在连续数年的新作都无法得到如《高达》一样的回响下，SUNRISE 终于对富野提出拍摄《高达》续集的要求。在企划压力下，富野做出了续作《机动战士 Z 高达》。1986：《机动战士高达 ZZ》总监督 1988：《逆袭的夏亚》监督 1991：《机动战士高达 F91》监督 1993：《机动战士 V 高达》监督 1995：《暗夜时代剧》监督 1998：《BRAIN POWERD》监督 1999：《TURN A GUNDAM》监督 2002：《Overman King Gainer》监督 2006：《圣光之翼》监督

# Yoshiyuki 富野由悠季：动画是以体力决胜负的事！

记者｜静电场朔　摄影｜郑高飞　图片｜知日资料室

2010 年 11 月 23 日，被国内外的机器人动画 FANS 誉为“高达之父”的日本著名导演富野由悠季应北京大学日语系邀请，以“动画是否能成为第八艺术”为题开展了一次生动有趣的现代视觉艺术文化讲座，广大抱持着热血的宅男们更是因富野老师犀利的肺腑之言燃烧了拳拳之心。连珠妙语让大家不禁感叹：“果然一听就知道是富野式的观点！”

## “通过多数表决通过的动画方案以及大家现在觉得很棒的企划、标题、剧情、角色，它们都未必可能流传三十年。”

■ 作为开场发言的这句话，使得台下的 FANS 们不禁惊呼犀利。富野监督将高达系列动画走红的原因点点解析，并引申出“人形”和“机械”结合才能够引起观众喜爱的结论——“这是因为观众们都是人，对同样具有人形并且能够活动的东西非常敏感……高达将‘人’和‘机器’这两个反差巨大的要素结合在一起，形成了‘戏剧性的空间’，这成了吸引观众视线的关键！”

## “动画是以体力决胜负的事！”

■ 在演讲中，富野导演不负众望对当下中国动画年轻的从业和爱好者都关注的动画制作问题做了经验谈。制作动画不能仅靠头脑想象，而是必须借助阅历与经验，通过大量书写、绘画的劳动来完成，是“用体力决胜负的事”。但是，包括目前日本的动画从业者甚至都对此不甚明了，他们以为只要模仿成功形象设计出角色就能做出好动画了。但实际上，“模仿”就意味着“无法超越”，而且，就算模仿了喜爱的角色，完成的形象里也必定缺乏创作者本人的热情。动画角色不仅是单纯的模拟复制作业，只有它们像“人”一样编织出人情色彩时，才能体现出动画赋予其的魅力。

## “大家已经没有模仿的时间了，请向着下一部作品努力吧。”

■ 针对“动画是否能够成为第八艺术”，富野导演进行了这样的诠释：“当电影被大众接受，才被冠以‘第七艺术’之名，动画同理，但人们更倾向于将其独立看待。实际上，电影和动画同样是‘会动的画面’，其中蕴含的表现能力赋予了它们相似的艺术魅力。”

■ 漫画的“机能”在于用有限的画面表现出极端、离奇和相互矛盾的内容，但却没有其艺术特点，不会被人认同，而动画是进一步强化了这种“机能”的表现形式，并以故事的形式赋予其艺术特点。另一方面，和真正的演员相比，动画人物有着“不会衰老”的特点，形象更具持久力。因此，动画确实应该被当做“第八艺术”看待。同时，“动画的经典形象比电影更难褪色”这一点也印证了“动画创作绝不能依靠模仿”的规律。最后，富野导演以“非常理解中国动画的制作方只能做这种动画的处境和苦衷……大家已经没有模仿的时间了，请向着下一部作品努力吧”这样一句幽默又不乏深刻的结语为讲演画下句号。

## 真正喜欢着高达本身的，才是真正的高达 FAN!

A 富野由悠季先生您好，您在北大的演讲引起了很多大学生和动画爱好者的共鸣，请问在现场的您看到这样的反响，有什么感想呢?

Q 其实我应该很欣慰，但遗憾的是我并没有觉得欣慰。因为大家对这次演讲的反应所体现出来的是我三十年来的积累，而不是对我现在工作的评价。所以我一直告诫自己不能就此满足。不过同时，我也有过甚至得不到这种程度的评价的经历，因此我觉非常难得，也必须感谢大家。所以说真是不容易啊。

/

A 在 08 年的采访中，您曾经说过“中国没有高达 FAN”，这是不是针对中国没有正式发行过高达系列的动画而言? 事实上，有很多中国早期的动画迷，都从各个渠道看到了最早的高达动画，并且爱上了这一系列作品。而对于那些拼命从日本找来动画 DVD，并且乐于分享的中国的高达爱好者您怎么看?

/

Q FANS 用尽手段只为看自己的作品，这是非常令人欣慰的，我认为以此为目标也是专业人士的标准之一，不过仅仅是之一，能得到这样的评价我也觉得很有成就感。关于我之前所说的话，那并不仅仅是照本宣科，我在人民大学遇到的那些成年人们有很多已经在准备开展自己的生意了，我是不想把这些人也算作是“FANS”，这样说应该就解释清楚了吧。

/

A 老师心中真正的“高达 FAN” 的标准是什么?

Q 除去了商业性质的，真正地“喜欢”（着高达的人）。

## 我们从未动摇过制作动画的信念!

A 您最喜欢您的哪一部高达作品?

Q 你怎么能问作者这种问题呢! ?（笑）要说的话，我给你们一个你们可能在三十年后或五十年后才会感受到的答案：无论你做过多少东西，没有一个比得上自己的第一部作品给你的感觉。

/

A 您觉得让您一直坚持做高达的动力是什么?

Q 其实不能说坚持到现在还在做高达了，而且原作也不是我一个人，高达历代作品标的都是“矢立肇、富野由悠季”两个名字。动力什么的称不上，就是正好交给我去做了，然后这部作品正好就成功了。

/

A 在塑造 GUNDAM 的角色特点的时候，经常是您一个人进行人物设定（人物的外形，口头语等等）还是制作组一起进行的呢? 动画中的角色会不会和现实中的某些身边的人有些联系呢?

Q 因为有导演权限和原作者立场，所以都是我一个人决定的。不过这么说也不完全对。有大概一半是我跟音响监督商量过之后才找好整体的平衡，也就是说有些时候音响监督的建议我会照单全收。我记得在初代高达的阿姆罗、夏亚和玛蒂尔达就是听取了音响监督的意见的。不过现在也找不到什么确实的证据了。

/

A 在动画创作过程中，有什么大师或是动画人给了您以启发?

Q 不存在。无论从哪个层面来说，一旦你意识到作品“出自某人”，它就不是你一个人的东西了。

/

A 在 GUNDAM 问世之前，日本也有巨大机器人的动

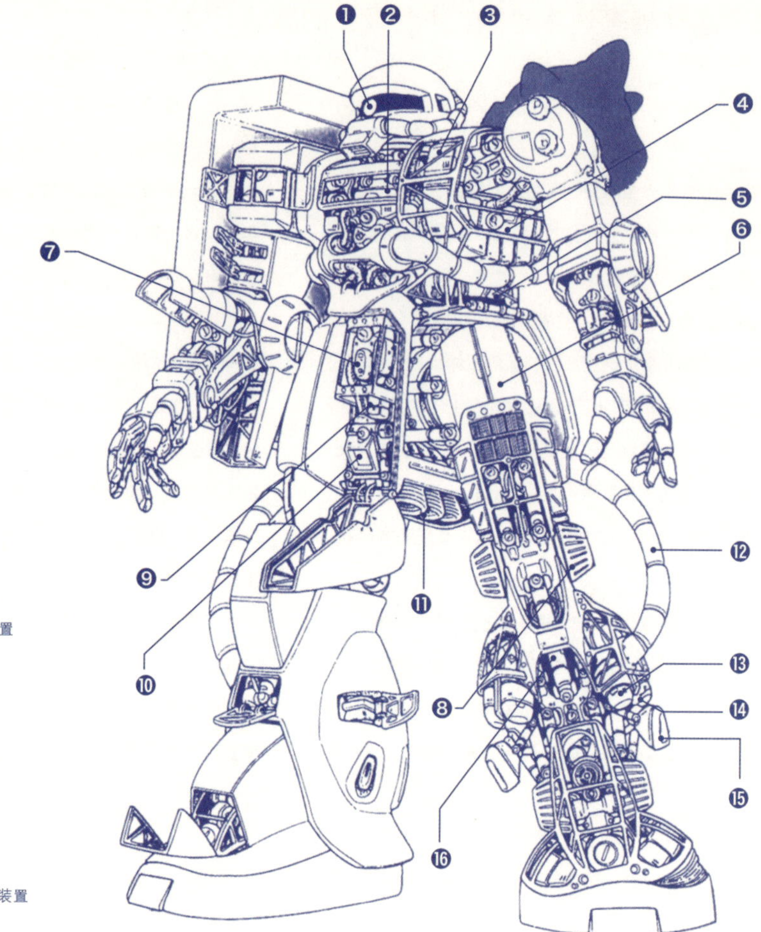

泛用性 Zaku

❶ 物视镜
❷ 驾舱区域
❸ 辅助装甲
❹ 电池包
❺ 超小型核融合炉
❻ 三自由度传动装置
❼ 陀螺平衡仪
❽ 圆形传动装置
❾ 燃料电池
❿ 扎古摄像头
⓫ 推进器喷口
⓬ 动力能源管
⓭ $H_2$ 贮存罐
⓮ $O_2$ 储存罐
⓯ 远程马达
⓰ 磁悬浮线性传动装置

MS-05 Zaku Ⅰ泛用量产型 MS
吉翁公国第一种实用型机动战士于一年战争中投入使用。

MS-06 Zaku Ⅱ泛用量产型 MS
本型在一年战争时期总计生产了3000架以上，是吉翁军各型 MS 里量产数目最多的，对以后的 MS 开发也产生了非常深远的影响，夏亚、莱登等王牌机师均是驾驶本型机而成名的。

RX-75 元祖钢坦克
远距离炮击型 MS，装备的是长身管加农炮，具备反 MS 能力。

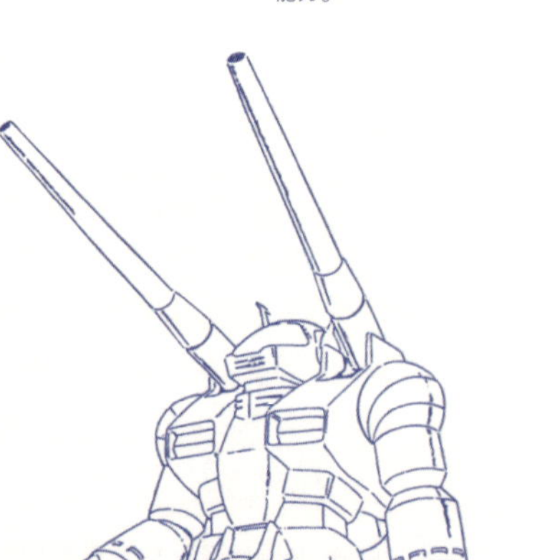

画存在，请问那时候老师是怎么看待那些作品呢？有没有产生要革新的想法？

Q 对于已有的东西，我不认为有必须去改变它的必要。因为不可能把已经成型的东西推翻重来，我觉得创新应该在今后的原创作品中进行。

/

A 您在讲座中提到，第一部凝聚了您的心血的作品曾遭遇过停播的状况，当时您的心情如何？是否动摇过制作动画的信念？

Q 我觉得被腰斩是很自然的。因为我们也明白自己是无视了赞助商和电视台的指示在做。要维持这种状态继续制作就必须有好的收视率，收视率一旦不好，自然就会被叫停。所以我们从未动摇过对“制作动画”的信念。不过，要是接不到下一份工作就无法维持生活，这种恐惧也曾压得我几近崩溃。

/

A 高达 35 周年纪有什么计划吗？

Q 做一个等比例的“红有三(夏亚专用扎古，红色有角三倍速的简称)”……这是讨你们喜欢的说法(笑)。

## 我没有什么值得骄傲的，只能感谢动画这份工作赋予了我整个人生。

A 您在讲座中提到，一部现在拥有大人气的作品，三十年之后是否还受欢迎是未可知的。那您在创作动画时，会通过怎样的设定方式以确定对作品的延续性和前瞻性呢？

Q 对高达来说，“拍成电影”的制作方针是正好在很有人气的方向上使对了劲，从而得到了好结果而已。一切都是运气。我个人是从来就不能把未来发展和持续性提前做进计划里的。世界就是这么一回事。

/

A 老师对于传统动画和融汇了新兴技术的动画这两者，更倾向于哪种？

Q 我都喜欢。主要还是看怎么用。并不是说二者都好，而是要分清什么时候该用什么。关于这一点，我觉得现在还是有很多工作人员没有想明白。

/

A 很多动画爱好者都发现在您所担任监督的动画中，多数配乐都由菅野洋子担当制作，请问您和菅野老师的合作是怎样达成的呢？在合作中是如何确立这种默契呢？

Q 只是遵从音乐制作人的意见而已。诚然我很喜欢她的创作，所以还是希望尽可能能够一起共事，但是不可能所有的作品都能够合作，因此稍微有些遗憾。她是天才。

/

A 以您多年在动画界的经验来看，您认为作为一个动画人，哪一点是让您最以自己是动画人而骄傲的呢？

Q 我没有什么值得骄傲的。只能感谢动画这份工作赋予了我整个人生。

/

A 请问您对当今日本动画界的风气，氛围以及方向性有什么看法。

Q 很悲观。没有大放异彩的 STAFF 加入，那么作品的多样化亦不存在了。

/

A 现在，有关 GUNDAM 的游戏也鳞次栉比，受到了广大 FANS 的热爱。对 GUNDAM 系列游戏化，对游戏产业被称为“第九艺术”您有什么看法？

Q 把游戏称作“第九艺术”只是业界相关人士自负的傲慢而已。游戏就是游戏，不是艺术。对于高达的游戏，我完全不了解，所以也没有意见，能卖出去就不错了。

MS-06S
夏亚指挥官专用扎古 MS。

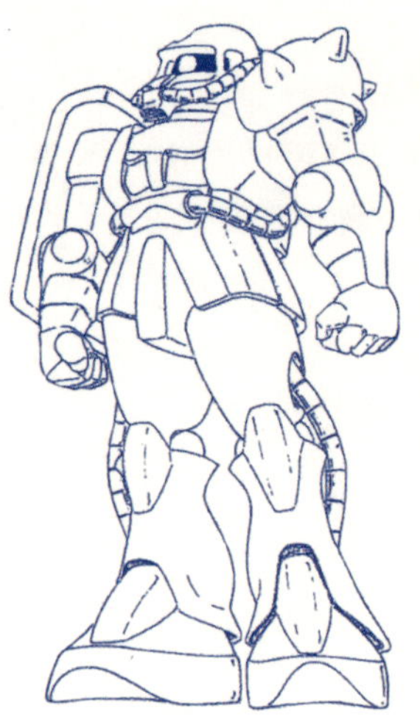

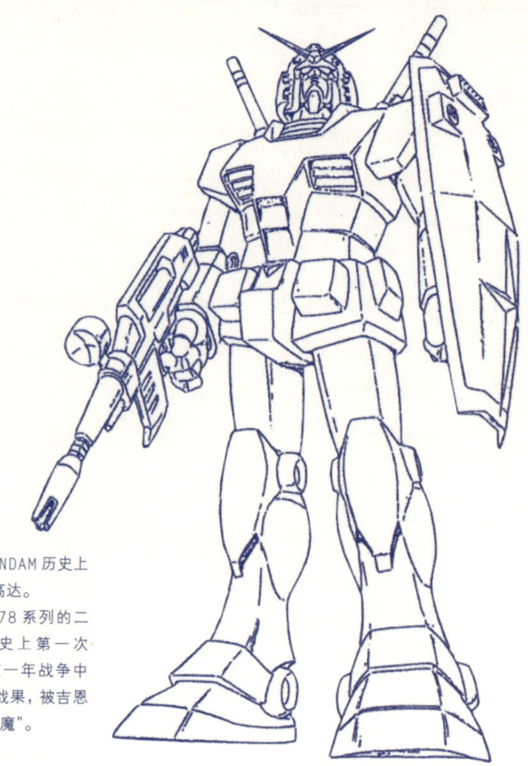

RX-78-2
由阿姆罗驾驶而在 GUNDAM 历史上留下赫赫之名的初代高达。
本机是 V 计划里 RX-78 系列的二号机，也是 GUNDAM 史上第一次 MS 战的参与者，并在一年战争中后期创造了奇迹般的战果，被吉恩军驾驶员称为“白色恶魔”。

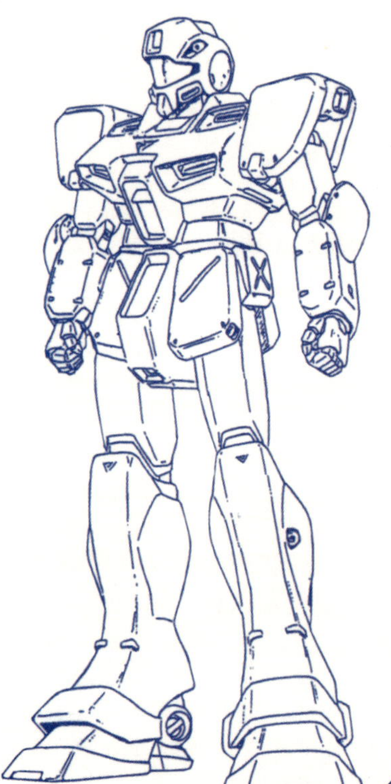

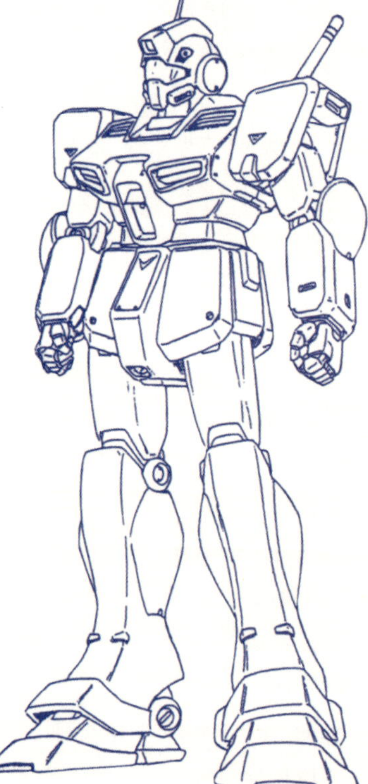

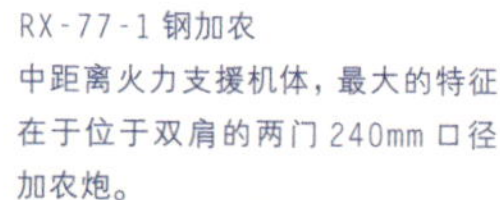

RX-77-1 钢加农
中距离火力支援机体，最大的特征在于位于双肩的两门 240mm 口径加农炮。

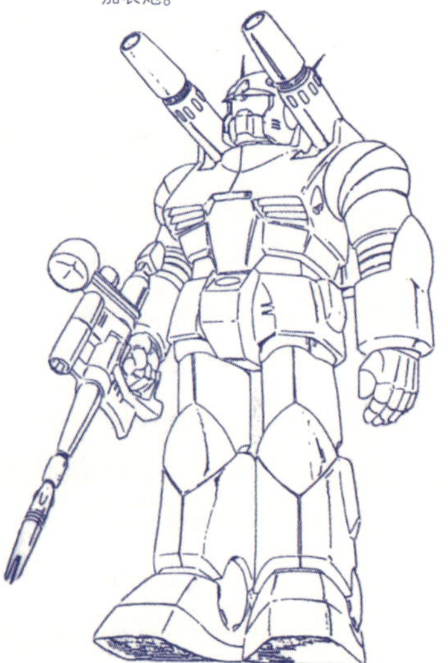

RGM-79D GM 泛用量产型 MS
“RX-78 高达”的简易生产机，一年战争后期开始大量生产，寒冷地带作战专用系列。

RGM-79G GM 队长机
同 79D 都是 GM 系列，主要用于在重力环境下（指殖民地）维持治安。

MS-06R-2 高机动型扎古 II
本机在 MS-06R-1A 型的基础上强化了脚部装甲，驾驶舱内部管理方式也进行了变更。由于在次世代主力机的竞争时输给了 MS-09R，因此本型生产了 4 架后计划就终止，其中三台分配给王牌驾驶员（Johnny Ridden，Gabby Hazzard 以及 Robert Gilliam）。登场作品：《MSV》（Mobile Suit Variations

RGM-79C POWERED GM 高出力型吉姆 本机是一年战争结束后开发的、作为搭载高达试作 1 号机的大型推进器的测试机，所以没有新的制式番号，仅仅制造数机作为测试机使用。 登场动画：《机动战士高达（0083）星尘的回忆》

## 客串演出是为了观察和自己领域不同的工作环境

A 这几年，您作为一些客串演员也客串各种各样日剧的演出，请问您是以什么心态去参与的呢？您认为自己适合什么角色？对于影视界，今后您有没有参与制作和演出的兴趣呢？

Q 并不是“各种各样”，而是“几个”。我有幸参加的几次都是为了能去观察跟自己的领域所不同的工作环境，是考虑到能给自己工作一个参考。我觉得没有适合我的角色。要是对分配给自己的角色挑三拣四，就对愿意起用我的工作人员太失礼了。只要是我能做到的我就要尽量达成，这正是我想培养的精神。这即是对待工作应有的态度，若是这样做的话，也能从中学到不少东西。

另外，我之所以不想自己筹资制作电影，是因为那样根本就做不成电影。电影应该是整个工作室的总动员，而不是个人来制作的。

/

A 今后的工作计划是？

Q 如果有工作，现在就不会在这里了。请给我工作！（笑）

/

A 请问您对中国动画怎么看待？

Q 之前完全不了解。这两天住在饭店看了一些 CM 之类的……不想多说什么。非常理解中国动画的制作方只能做这种动画的处境和苦衷。动画监制有时会身不由己，受到社会、赞助商等方面的限制，但他们也需要养家糊口，所以大家也得理解。所以希望在演讲现场的各位能有更高的理想和追求，走到一个更高层的地位，有权力和能力改变中国动画！

/

A 请问您对中国的印象如何，未来还会不会考虑来到中国？

Q 对日本人而言，中国的印象是传授人们文化和文明的大陆。如果有邀请，且体力尚支，与日程安排互不冲突的话，我随时都可以去。

**佐藤可士和**

日本当下最炙手可热的艺术指导。1965 年 2 月 11 日出生于东京，父亲是建筑家佐藤明，祖父则是俄罗斯语言学者、前东京外国语大学荣誉教授佐藤勇，从小在家庭环境中浸染浓厚的艺术设计氛围。1998 年毕业于多摩艺术大学平面设计系，2000 年自行创立了工作室“SAMURAI”，并担任明治学院大学的客座教授。其作品跨足广告平面设计、产品设计、空间设计，被誉为“能够带动销售的设计魔术师” 也是走在时代尖端的创意鬼才。其简单、创新并富有视觉震撼力的设计作品曾获日本平面设计者协会年轻设计师奖等众多奖项。

**SAMURAI**

佐藤可士和的设计工作室名称，日文单词“武士”的发音，佐藤名字中“士”的含义。借用日本武士这个能通行于全球的鲜明意象，佐藤希望表达出自己的设计理念，即不拘泥于形式与个人的限制，广泛涉足包括广告、产品、音乐等多种领域的设计工作。
http://kashiwasato.com/

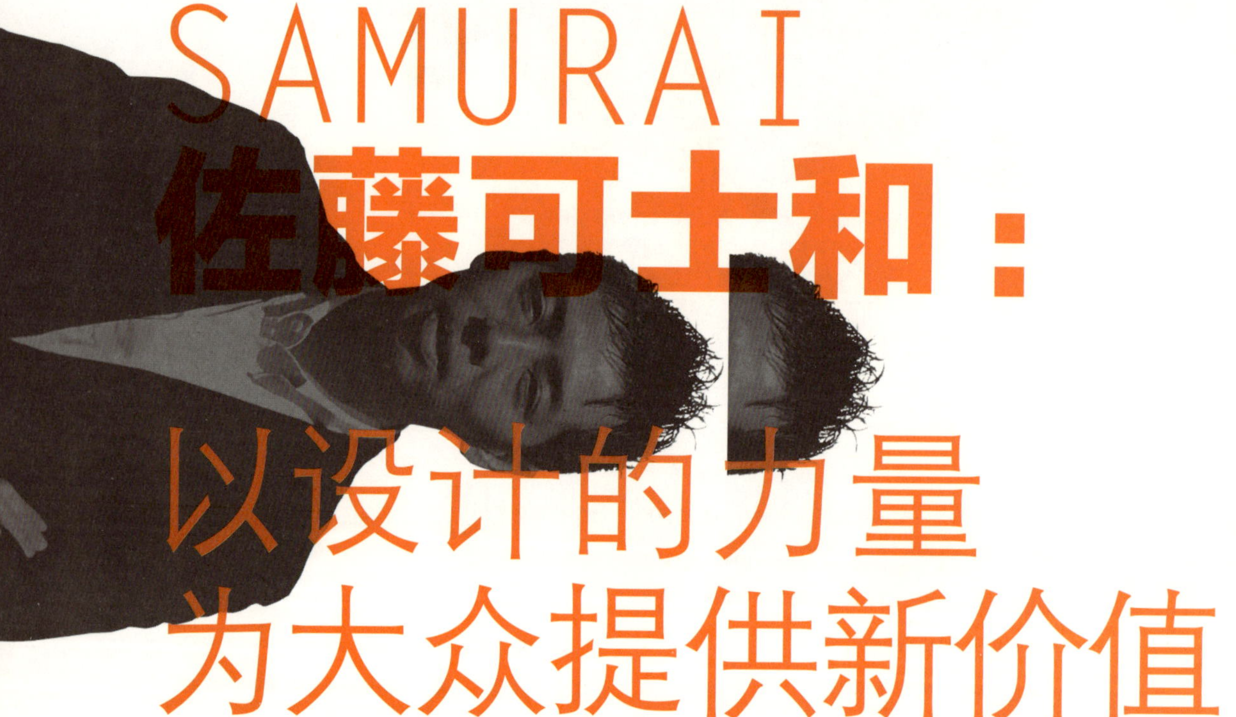

# SAMURAI 佐藤可士和：以设计的力量为大众提供新价值

记者 | 孔乃菁　图片 | SAMURAI 创意工作室

UNIQLO、NTT DOCOMO FOMA N702iD/N703iD、SMAP、麒麟啤酒、藤幼稚园……他被誉为“能够带动销售的设计魔术师”。然而魔术般效果的背后，是佐藤先生理性的分析、清晰的逻辑所引导的艰辛工作。沟通问诊——发现问题——整理思绪等等的设计方法告诉我们，设计是基于理性思维基础上的工作。创意绝非寄托于虚无缥缈的灵感，而是来自于扎扎实实的观察与思考。

Q 请问您学习艺术设计的理由是什么?

A 我认为，学习了解迄今为止历史上发生的事情和人类一脉相承下来的思想产物对于进行和发展新的创造是非常重要的。

Q 由您提倡的“整理术”概念对中国的设计师以及广大的业界人士带来了巨大的影响，作为一名艺术总监，您不仅用设计的力量为社会创造了新的价值，还大大地改变了人们的想法和生活方式。我们想请教一下，对于您来说，设计灵感的源泉是什么呢?

A 我设计灵感的源泉来自设计对象的企业或商品本身。SAMURAI 工作室的客户群广泛遍布从时尚、通讯、销售行业、饮料、化妆品到教育、医疗等多个行业，我们通过各个客户观察现在的社会，来抓住这个时代的整体氛围，再借此创造出“下一个”。另外，每天的日常生活也能为我带来各种灵感的刺激和新发想。

/

Q 在您的作品中，传统的日式“审美”和现代的时尚“感觉”完美地融合在了一起。那么对于您来说，锻炼“审美”的能力最重要的一点是什么?

A 我认为是不断地去欣赏和体验美好的事物。例如，去接触茶道等传统文化，在理解那些深层所流动的东西的基础上，将那种美的意识和想法、观点代入现代建筑、产品设计或美术设计等去思考，我认为这些是非常重要的。

/

Q 您小的时候有特别从您的父亲母亲那里受到什么美术方面的训练吗? 或者说，您的父亲母亲给您带来了怎样的影响?

A 我从身为建筑家的父亲那里受到了非常大的影响，从小时候开始，美术和设计等就是身边非常自然存在的环境。

/

Q 请问您学习艺术设计的理由是什么?

A 我认为，学习了解迄今为止历史上发生的事情和人类一脉相承下来的思想产物对于进行和发展新的创造是非常重要的。

/

Q 在您的学生时代以及日常生活中，受到谁的影响最大呢?

A 作为一名设计师来说，我受到马塞尔 · 杜尚的影响是最大的。他让我知道，即便是到现在为止一直认为是理所当然的概念本身，都可以作为被出质疑的对象，我因此受到了很大的冲击。

/

Q 您的偶像是谁?

A 我没有特定的偶像。

/

Q 相信在您周围，一定有许多像“真酷啊”、“您的创意和手法就像天马行空一样自由奔放”、“您这么成功，实力的因素肯定是有，但运气应该也挺好”等诸如此类的评价。请问您怎么看这些评价呢?

A 不管怎样的评价我都会去坦然地接受。

为了让自己的构思立意更加自由随意，我不断地去怀疑既成的概念，每日努力用新视点来捕捉事物。我认为与此同时运气也是十分重要的，但是能抓住运气不也是因为努力和实力吗?

/

Q 请问您的兴趣爱好是什么呢? 现在“休闲主义”这种说法十分流行，许多人对工作的看法由以前的“仅仅是为了工作而工作”逐渐变成了“为了让自己和家庭幸福而自由地工作”。请问您

Q 众所周知日本是一个动画、漫画、游戏的普及度很高的国家。请问您作为一位日本国民喜欢的动漫或游戏是什么呢?

A 动画　宫崎骏的作品。

漫画　赤塚不二夫的作品。特别是《天才笨蛋》。

游戏 《宇宙入侵者》等怀旧的游戏。

~~~~~~~~~~~~~~~~~~~~~~~~~~~~~~~~~~~~~~~~

怎么看?

A 我的兴趣爱好是船型雪橇、钓鱼和农业。

因为我把自己的人生最想要做的事作为事业，所以我的工作和私生活并没有分开。因此工作上的成功也就自然地与家人和自己的幸福联系起来了。

/

Q 从媒体报道得知，您的夫人很喜欢旅行。相信在您夫人的影响下，您也一定喜欢上了旅行吧。请问您在全世界最想去或是说最喜欢的国家或城市是哪里?

A 我最喜欢的城市是纽约。它是一座能经常给我带来刺激的城市。休闲度假的话我最想去的是塔西提岛。那里就像小时候经常做梦描绘的一样，真的是非常美丽的南国之岛。

/

Q 众所周知日本是一个动画、漫画、游戏的普及度很高的国家。请问您作为一位日本国民喜欢的动漫或游戏是什么呢?

A 动画　宫崎骏的作品。

漫画　赤塚不二夫的作品。特别是《天才笨蛋》。

游戏 《宇宙入侵者》等怀旧的游戏。

/

Q 请问您平常喜欢上网吗? 最喜欢的网站是什么?

A 我经常上网。熟人朋友的博客也经常去，比如:

HOONY.com(http://www.hoony.com/hoony/index.htm)

佐藤悦子的博客：1 oven.com (http://www.1oven.com/etsuko_sato/) 等。

/

A 您平常喜欢读书或杂志吗?

Q 喜欢的书太多了没法具体回答，但谷内六郎的作品集是我这么多年一直最喜爱的作品。

/

Q 您有一种说法是“以设计的力量给为大众提供新价值”，为了能创造出新的价值，从书和互联网上获取许多“新东西”(情报、理念等)是很必要的吧。那么您作为一位艺术指导所取得的进步和成长，除了通过书和互联网之外还有什么独特有效的方法吗?

A 直接与人接触。我认为这是最有趣，并且能获得新鲜情报的方式。

在与工作上认识的出色的经营者们、优秀的创作家们或世界各地的记者们接触中，得到那些还没有在社会上广泛流传的稀有而新鲜的情报，对我来说是最有意思的情报获取方式。
~~~~~~~~~~~~~~~~~~~~~~~~~~~~~~~~~~~~~~~~

ユニクロ
AS HEARD ON
Z100
THURSDAY AUGUST 17
TO
UNI
QLO
TOK
YO
FROM
ユニ
クロ
NY
C
TO
UNI
QLO
TOK
YO
UNIQLO GINZA
5-7-7 GINZA, CHUO-KU
TOKYO 104-0061
UNIQLO SOHO
546 BROADWAY
NEW YORK, NY 10012
UNIQLO GINZA
5-7-7 GINZA, CHUO-KU
TOKYO 104-0061
FROM TOKYO

Q 在创作过程中，对于客户过于细微的要求您会坚持自己的主张吗?

A 基本上来说，对于各种细微的要求我会尽一切可能来接应对待。但是如果有可能会背离本质原则的话，我就会认真地告诉客户，在再次明确这个共有课题和目标达成设想的基础上我认为那样做是不好的。

/

Q 您在工作时有什么独特的习惯吗? 比如为了找灵感边工作边听音乐等。

A 我没有什么特别的习惯，但我喜欢在短时间内高度集中地进行创作。

/

Q 在创作过程中，对于客户过于细微的要求您会坚持自己的主张吗?

A 基本上来说，对于各种细微的要求我会尽一切可能来接应对待。但是如果有可能会背离本质原则的话，我就会认真地告诉客户，在再次明确这个共有课题和目标达成设想的基础上我认为那样做是不好的。

/

Q 在和客户进行商洽的过程中，客户一般会有这样那样的要求，那么您认为这些要求中最难解决的是什么呢?

A 是费用。精确调查创作和真正实行它所需要的花费之间的平衡是非常困难的事。费用和效果比不够好的话，作为结果来说，可能也无法产生顺利的交流。

/

Q 在进行创作过程中，可能会遇到创作状态不佳(如一直找不到灵感等)的时候，这种情况您一般会怎样应对呢?

A 做运动或进行锻炼来调整身体的状态。

这样思维和心情感觉也都会焕然一新。

/

Q 到现在所有的工作中，您觉得最大程度地发挥了自己的创作能力和创作热情的是哪个? 能具体地说明一下吗?

A "SMAP 的三色宣传活动"、"DOCOMO N702id" 的产品设计、"藤幼稚园" 的标志及制服设计、"优衣库" 等。通过它们，我将很多年一直思考的想法汇集成了形状，探索出了一种设计风格。

/

Q 作为一名艺术指导，想必您也遇到过自己作品的本意被大众误解的情况。比如，您可能想通过作品表达"自由"，可大众却理解成了"自由" 以外的什么。这种情况您怎么看待呢?

A 连我自己都惊讶的是基本上没有发生过这样的情况。令人高兴的是好像所有的意思都正确地传达到了。

/

Q 在您夫人成为您的经理人之前，您对于个人品牌的创立和公司的经营有考虑过吗? 意识到个人品牌的

2007 Spring New Fuji Youchie
Fuji
Fuji
ABCDEFGHIJKLMN
OPQRSTUVWXYZ
abcdefghijklmnop
qrstuvwxyz
0123456789 
ふじようちえん 
Fuji

FUJI

Fuji

2007.02.11 SUN AM07:03
2007.02.11 SUN AM07:03
2007.02.11 SUN AM07:03
2007.02.11 SUN AM07:03
FOMA N702iD FOMA

## Q 请您用一句话描述一下您的过去、现在和将来。

## A 过去→热情　现在→克服　将来→希望

世界上优衣库第 4 家全球旗舰店“上海南京西路店”于 2010 年 5 月在上海开幕，这次佐藤可士和因任 UNIQLO 上海旗舰店艺术总监而来到中国。

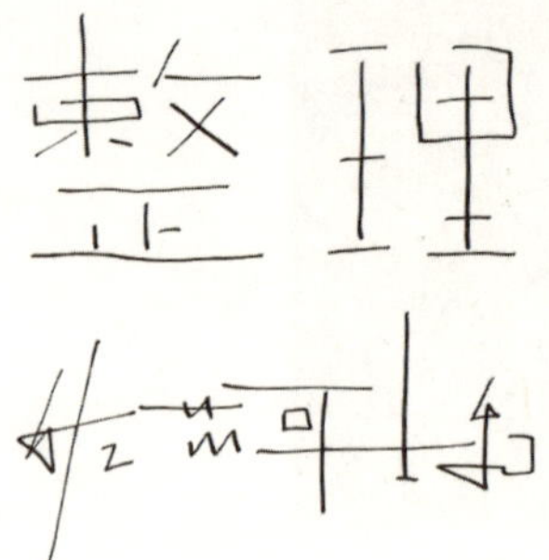


重要性又是从什么时候开始的呢？

A “SAMURAI”工作室从一开始就是我和我夫人两人共同创建的，我一个人的话是没有考虑过的。而个人品牌的重要性从最初开始就意识到了。

/

Q “坚持自己个性”、“迎合大众口味”、“不断超越自我”，请问您是怎样看这三者间关系的？在您工作时，是怎样取这三者间平衡的呢？

A 这正是非常困难的一点所在，但我认为，这点正是完全和超越自我联系在一起的。

/

Q 医院、大学、幼儿园……您希望在哪个领域的设计上，来实现“用设计的力量给人类创造出新的价值”这个目标呢？

A 我并没有特定要在哪一个领域达成，而是想实现在所有的领域进行创作活动。

/

Q 请您用一句话描述一下您的过去、现在和将来。

A 过去→热情　现在→克服　将来→希望

/

Q 最后一个问题。日本有许多自然风景十分优美的名胜，您能为我们介绍一下您最喜欢的名胜，或是说在文化方面魅力深厚的景点吗？请您向海外游客推荐一个“绝对不能错过”的景点吧。

A 我向大家推荐可以被称为“日本美的意识的基点”的伊势神宫。

伊势神宫的正式名称为“神宫”，是由以相距约 6 公里的内宫和外宫为中心的、总计 125 座的别宫、摄社、末社、所管社等神社构成。另外，神宫正殿曾有兴建或修理或者重建的情况，有经过 1300 年延续下来的将御神体迁移的、被称为式年迁宫的 20 年一度、将每个神社移向相邻的神社的仪式。2013 年将会有第 62 回的迁宫仪式，这对于神宫来说也是实现其永恒性的伟大的活动。神殿的式样和配置是被称作“唯一”的神明造，作为神社建筑样式的神名造，是日本最古老的神社建筑样式之一。大社造被认为是一种模仿接近正方形的宫殿的建造，而神明造是越向里幅度越大，被认为是由高台式仓库发展而来的建造，现在演变为由神宝代替粮食被供奉。

佐藤可士和的
超整理术

KASHIWA SATO'S Ultimate Method
for Reaching the Essentials.

一刀斩断！空间·信息·思考的混乱状态
让你的工作和思路恢复清晰爽快！

优衣库首席艺术指导、日本知名设计师
佐藤可士和
"整理密技"首次公开！

中文简体字版独家授权

凤凰出版传媒集团 江苏美术出版社

佐藤
佐藤可士和のつくり方
可士和的
SAMURAI
经营术

佐藤悦子 / 著 夏淑怡 / 译

甘肃人民美术出版社

**《佐藤可士和的超整理术》**

著者：佐藤可士和

译者：常纯敏

出版社：江苏美术出版社

定价：38.00

装帧：平装

以自己的知名设计案为例，佐藤可士和将他的"超级整理术"分为三大阶段：空间整理、信息整理以及思考整理。从有形到无形，从随身物品、办公环境开始，透过对于空间整理的习惯，养成对于思考整理的敏锐。只要按部就班，时时刻刻磨练整理技巧，便能促使思绪清晰、提高判断能力、开启灵感之门，大幅提升工作效率与精致度。

**《佐藤可士和的经营术》**

著者：佐藤悦子

译者：夏淑怡

出版社：甘肃人民美术出版社

定价：36.80

装帧：平装

经由佐藤可士和的妻子兼经理人——佐藤悦子之口，详细剖析佐藤可士和工作室 SUMURAI 众多高水平的设计案例，全面解析"创意＋经营"的"SAMURAI 计划"，坦诚公布从个人风格到个人品牌的塑造秘籍。UNIQLO 纽约全球旗舰店、偶像团体 SMAP 的整体视觉、藤幼儿园标志及制服、NTT DOCOMO 手机、HONDA 发动机造型、麒麟饮料和麒麟麦酒……佐藤可士和用实例告诉你，如何以设计的力量为世人提供新价值。

# 箱庭的季节

摄影师 Photographer 林田摄子

撰文 | 菅沼比吕志（Guardian Garden 画廊策展人） 翻译 | 孔阿梨

林田摄子

Hayashida Setsuko

1976

东京出生

2000

毕业于东京综合写真专门学校

个展

2010

东京 ROCKET 画廊

“寻找森林”；

东京 M2 画廊

“Ebb and Flow”

2009

东京 Guardian 花园

“Ebb and Flow”

2007

东京 Omotesando 画廊

以及大阪 10:06 画廊

“Looking for the Forest”

2005

东京 Sign 画廊以及

大阪 10:06 画廊“风与浪”

2000

东京 Guardian 花园

“Ebb and Flow”

群展

2010

中国平遥国际摄影年展

以及韩国“影像首尔”

2009

中国平遥国际摄影年展

2008

中国平遥国际摄影年展

2006

东京 Guardian 花园

“Hitotsubo-ten,

3.3mX3.3m”展

出版

2010

《寻找森林》Rocket 公司

雨

**摄影师 Photographer**

36

宽敞的空间，精心雕琢的圆柱与房梁，铺满房间的榻榻米，长桌旁的几个坐垫和茶具。这究竟是何处？拍摄的到底是什么内容？对于这样的疑问，似乎很难得到一个确切的答案。但在这样一个场所里，拍摄者却留心注意到每一个角落，从诸多细节对照片进行处理。这是许多人集会的场所，从照片中，能感受到汇集于此的人们的所念所想。同时，对于这一张张的照片，完全没有任何说明性的文字，照片本身，也没有丝毫仿佛强加于人的申诉。它们有一种能让人自然地融入画中世界的静谧的魅力。林田摄子的"箱庭的季节"就是这样的作品。

2000 年，林田摄子前来应征由我主事的 Guardian Garden 的 documentary project"写真·世间街巷 project（Faces of Humanity）"摄影展，那是我头一次见到"箱庭的季节"。之后，林田便以"箱庭的季节"为题，开始了自己的摄影之旅。

摄影地点选择了其母亲的出生地——长崎海边小镇的一座寺庙。学生时代，她曾有过这样的烦恼"我为什么想要摄影？""以照片这样的载体，我究竟想做些什么？"适逢祖父做佛事，林田再次回到了这座寺庙。在那里，她发现了一个"不住地按下

快门”的自己。对从儿时就开始不断搬家的林田来说，每年暑假都来的这座寺庙，是唯一能让她从心底感到“回归”的场所。

这座古老的寺庙交织着地域与血缘，见证了当地几代人的生生死死。林田则始终以轻柔、淡然的视角记录着这个地方。

2008 年 9 月，林田应邀携作品出席平遥国际摄影大展。某天晚上，当我与她谈到其摄影作品，问道“为什么选择拍摄寺庙？想传达的东西是什么呢？”的时候，林田沉默了。不一会儿，她回答道：“羁绊吧，想来我与那里始终有着一种羁绊。”之后，说着说着，她的眼里便溢出了泪水，“我为什么竟哭了呢。”我的脑海里，至今还留存着她一边说着这句话，一边忍不住流泪的样子。那次谈话后，我感到，林田的作品开始变得越发成熟深刻了。

之后，在 2009 年 3 月，Guardian Garden 为“箱庭的季节”举办了第二次个展。展会上，林田发言十分积极。她说，一想到这个守护了十二代人的寺庙“见证了人类活动中自然的变化，就不由得感到一种缘分”，“我也想作为这流动时光里的一部分，把自己所看到的东西留住”。

在那个海滨小镇不变的景色里，在那静止的光阴里，却有着始终不断变换的人事繁杂。林田前往的时候，也曾赶上新生命的诞生，回过神来，那孩子早已长大了不少。有时候，也不得不直面与亲爱的人死别，从而陷入无尽的追悔之中，原本，还有好多好多话想要说。

从林田的照片中，还能窥见由人到人的生命接力。面朝壁龛插花而坐的两位不同年代的女性，年长的那位似乎想要说些什么。古老的房屋，用惯了的家具、日常用品、厨具等，它们始终被主人小心翼翼地使用的样子，被完美地摄入了照片中。从照片里的物件上，仿佛能看见使用过它的人们，以及手持此物的人们彼刻的心绪与情愫。榻榻米房间里对半折起的坐垫上，似乎还残留着方才离去的人的温度。

林田的摄影作品没有什么说明性质的东西，焦点不在画面中心的作品也并不少见。即使是一张一张地看，也会有几张难以道明到底在拍摄什么。并且，她的照片并没有大众化的“演出”，比如刻意渲染法事的悲哀，比如着力表现结婚仪式喜庆与华丽。

相反，她的摄影作品似乎与此背道而驰。由于所看到的内容是片段性的，观看者也往往因为难以确信自己的感觉而焦急起来。对，看她的作品时，有一种完成纵横字谜[1]的乐趣。一张一张的照片，单从图像上看，无法知道整体到底在说些什么。甚至单从一张来看的话，连部分的内容也无从知晓，并且毫无合理性。继而，随着字谜慢慢解开，整体逐渐显现，便有了一种仿佛看完一整部电影的充实感。观看者的想象力也得到了考验。

在林田的个人网站（http://www.hayashida-setsuko.com/）上，“箱庭的季节”分为2000/2009/2010三部分展示给大家。在那里，我们可以看到时间与空间交织、重叠，并最终呈现出来。在每一个时空的间隙里，都有流逝的光阴，还有点缀其间的寺庙的生活、食品、物件、自然、风土。在作品集里，有一张照片拍摄的是一卷书有“慈光”二字的挂轴。而林田摄子就好像手举相机，把慈爱的之光照向了寺庙里延续了上百年的人们的生活中，固定在胶片上，拼接出一个故事一样。

① 纵横字谜：一种在棋盘状的方格空格中，根据提示在各个空格填入纵横成文的文字游戏。

# 大改造！

## 戏剧性的 BEFORE & AFTER

## 朝日放送与《全能住宅改造王》

记者 | 绿川　翻译 | 孔阿梨　图片 |《全能住宅改造王》节目组、川口敏子、Naca'sa & Partners Inc

**狭小窘迫、老化严重的旧屋，遇上一流建筑师的鬼斧神工，历经一番大改造，最终变身为舒适宜人的新居。呈现在观众眼前的，是由"BEFORE"（改造前）到"AFTER"（改造后）的华丽蜕变，是委托人感动的表情，是令人感到温暖的场景。让全日本的家庭更加幸福的"家庭后援"式综艺节目——《全能住宅改造王》。**

总制作人吉川知仁　专访

# 因为是改造“家”，所以决不妥协

Q 请问您担任制作人多长时间，经手过多少委托案呢？

A 担任节目制作人已有 8 年，经手委托案 160 件。这其中作为首席制作人经手的委托案有 80 件。

/

Q 当初创办节目的契机和初衷是什么？

A 2002 年 4 月新节目组刚刚开始，高桥章良——超级全能住宅改造王（以下简称“住改王”）的综合演出[①]——提出了这么一个方案。当时，高桥在自己负责的一个节目里（这个节目正是“住改王”的前身）提出了“改造”的概念，并取得了不错的业绩。由于这种形式颇受好评，我们便开始策划把它作为一个独立的节目发展起来。高桥是个十分喜爱建筑的家伙，几乎想过转行房地产业。

/

Q 节目刚创办时，委托人就很多吗？是否有也有人不信任、不放心让制作单来改造自己的家？

A 并不是说先有了这样一种想通过节目组来实现改造的一般性的需求，然后才有了我们的节目。虽然之前有过通过“Wide Show[②]”之类的节目来实现房屋改造的例子，但我们的节目却与此前任何一种套路都截然不同。我们考虑的是一种更加焕然一新的形式。那些因房屋生活不便而备受困扰的人们，我们为他们请来建筑师。那些被称作“匠”的建筑师们负责为委托人的旧屋进行出色的改造，效果好得常常出乎那一家人的意料。我们所采用的就是这样一种形式。这是由好莱坞电影《原野奇侠》等西部片中获取灵感而产生的综艺节目。

正因为我们的节目前所未有，所以一开始并没有遇到委托人。由于是每周播放，如果放完第一期再录制第二期就会来不及，所以在播放第一期之前，必须找好 10 户想要改造的家庭并且展开施工。这 10 户都是节目组制作人员通过自己的亲友找到的。因为是首播，对于改造后的旧屋究竟会变成什么样子，我们也一度心里没底。所幸，由于首期节目内容十分新鲜且具有戏剧性，收视率良好，报名者也随之纷至沓来。

/

Q 是否也出现过委托人对改造成果不满意的情况？您是如何应对的这种情况的？

A 建筑师和节目组工作人员首先会听取委托人自己的改造设想，就此会进行反复讨论。此外，最终成形的图纸也会先让委托人过目，并且向他们说明我们接下来的计划，在这个基础上最终签订合同。因此大部分的委托人还是会满意而归的。

但是，用图纸、图表、模型等再怎么说明，在改造工程结束再次看见自己的家的时候，那种焕然一新的感觉还是会让大部分的委托人不由得被感动。也有许多人激动地留下了眼泪。

不过，像地板、墙壁的颜色等细节方面建筑师就不可能一一向委托人确认了。基本色调固然会尽量符合委托人的喜好，但细微处的不同还是无法避免。就算大部分都感到满意，依旧会出现一些对细节不满的情况。

正因如此，那些想由自己来把握整个施工从而达到 100% 满意的人，我们就会建议他放弃选择节目组，而通过委托土木工程承包公司来进行改造。我们节目组的一个基本原则就是，建筑师负责解决委托人的住房困扰，所以无可避免地会把自己的些许创想融入改造工程。这一点我们一定会事

《被客人看见裸体的家》，2009 年 7 月播放
/ 改造设计 川口敏子

Before- 前庭
无论是在邻居家还是在附近的餐馆，都能从前庭看到屋内的情况。

Middle- 前庭
由于在家里也能被外人看见，所以视线遮挡的处理非常关键。

After- 前庭
改造后的前庭融合了镰仓时期的风格与现代主义风范，木造结构的角度经过精密设计，能够很好地遮挡视线。

节目组工作人员拍摄工人拆除待屋顶瓦片的进度情况。

先让委托人明白。

但也有这种情况，某些细节方面委托人若不甚满意的话，改造结束后会再根据其要求稍微进行改动。

/

Q 是否有过因为委托人不满意或者其他缘故，导致该期节目几乎无法正常播出的情况呢？

A 5 月播出的第 200 期节目，因为委托人的不满，节目组更改了播放内容。但目前为止还未出现过无法播出的情况。

有时在改造开工前的商议阶段，委托人要求会越提越多，实际所需花费跟预算差值越来越大，以至最后只能中止合作。

前面我也提到过，“住改王”信任建筑师，在一定程度上把改建任务交给建筑师裁夺。

有的人连细节也希望由自己来决定，在这种情况下双方如硬着头皮合作将十分容易引起冲突，因此节目组也会尽量避免此类事件发生。

/

Q 在节目制作过程中，通常碰到的最棘手的问题是什么？

A 最棘手问题恐怕还是预算不足。节目组在得到建筑师和土木承包公司的协作后，可以以低于市场的价格进行旧屋改造。但是在商议阶段，若预算与所希望达到的效果过于悬殊的话，我们会选择放弃这次合作。

另外，由于节目每周播出一集，所以每周必须有一户完成改造。由于房屋规模的不同，改造用时也在一个月至半年不等。如何把握住“每周一户”这样一个进度也是个比较棘手的问题。

/

Q 怎样的家庭才符合参加节目、接受改造的标准？

A 必要条件是要有足够的预算。因为要实现旧屋改造所花费的并不是一笔小数目，所以有预算是必须的。其次，我们希望能寻找到了解我们的节目宗旨，并且赞成我们的做法的家庭。

一般说来，把改造工程交给他人来办似乎是一件不太可能的事情。但是，委托人如果不信任建筑师，不信任我们节目组的话，合作就没办法进行。曾经也有委托人在和家人反复商量后，在动工前中止了与我们的合作。

另外，如果委托方家族成员十分友善并且热情，让工作人员也情不自禁地乐意为其努力的话，那就更加不错了。

/

Q 对您自己来说，哪次改造前后的效果对比最让您惊讶？

节目组摄像高野现场拍摄即将被再利用的瓦片。

检查瓦片状态，看是否可以再利用。

A “住改王”是用眼睛“看”的综艺节目，用语言描述的话就算想要描述也没法完全说清楚，所以对于“最让我惊讶”这个问题我无从答起。

不过，虽然可能有点答非所问，我觉得要说“最激动人心”改造的话，大概还要数第一期。Before 与 after（“全能住宅改造王”直译为“大改造！！戏剧性的 before 与 after”）这样一种理念，换句话说，也就是改造前与改造后，完全是在同一个场所，用同一个拍摄角度、同样的大小尺寸实现了重叠摄影③。

摄影时更是努力做到了前后的拍摄角度不差分毫。再次拍摄由于距离改造前少说也过了好几个星期，所以要做到这样是相当不容易的。因为所拍摄的对象已经完全变样了。在那之前，还从未有过哪个节目采用过这样的拍摄手法。而且，由于我们的这样一种拍摄方式，“ビフォーアフター（before after）”也一度在日本成为流行语。

/

Q 在来委托改造的家庭中，最让您印象深刻的是哪一家人？为什么？

A 让我印象深刻的有很多。最近印象最深的是 2010 年 2 月 13 号播出的那户人家。夫妇二人利用自家房屋的一部分经营料理店（主要出售传统活动时食用的便当等），丈夫的母亲是一位 89 岁高龄的老人，因病卧床不起，甚至已经连话都已经说不出来。23 年来，妻子（委托人）就像照料自己的亲生母亲一样不辞劳苦地照料着自己的婆婆。23 年里，她一次也没去旅行过。始终在妻子、母亲、儿媳三个角色中转换。这位辛苦的妻子找到我们节目组，希望把自己的家改造成更加方便护理老人的样式。

由于家中老人年事已高，我们最开始也因为担心改造途中出现意外而打算回绝，可是她的热情最终打动了我们。

完工后，她十分高兴，我看着她难以言表的激动与喜悦，自己也十分感动。

据说在节目播出后，许多备受感动的人还给她打去了鼓励的电话。

/

Q 您认为，住宅环境和空间结构被改造之后，生活在这里的人的生活会发生怎样的变化？

A 因为大多数委托人的家面积都比较狭小，为最大限度地利用空间，建筑师们也费尽脑汁，全力以赴。

然而，如果在扩大空间之外再进行一些住宅环境或者空间结构的改变，那对生活在此的人们是会产生一定影响的。

《被客人看见裸体的家》，2009 年 7 月播放
/ 改造设计 川口敏子

Before-LDK
建筑年龄超过 70 年，构造老朽，存在隐患。

Middle-LDK
为防止事故发生，加强老朽的房屋结构是改造的第一要点。

After-LDK
利用了所有的空间来进行收纳和功能设置，做饭、进餐环境更加明亮开放。

建筑师柴田在现场绘制设计草图。

通过阅读观众来信、访问委托人家庭成员，我们也明白其实有很大一部分都不愿意改变自己常年生活下来而形成的习惯。节目组一般也不会选择与这样的委托人合作。

作为“住改王”的制作人，我说这样的话或许有些奇怪。我想说，换一个角度来看问题的话，或许不用通过大规模的改造也能解决大部分的生活困扰。比如把那些长期不使用的大件家具进行处理的话，家里就可以整理出很大一部分空间。有时候，家庭成员只要把房间交换一下就可以互相解决问题。有许多家庭都是因为父母年事已高，小孩则渐渐长大成人，而家里却依然像以前一样分配房间，这样做当然会感到不便。大部分人都想：我就是一直这么生活过来的。长期的生活习惯使人们忘记了还能通过这样一些形式来改变生活不便的现状。

/

Q 您自己梦想中的房屋是什么样子的?

A 希望家庭成员能和睦相处。房间大小、房间布局全凭个人喜好。

/

Q 是否也想邀请建筑师为自己的家改造一次?

A 我住在租来的房子里，所以没这个打算。

房东不让在墙壁上钉钉子，我为了装饰上自己喜欢的画或者照片，偷偷在墙上凿了洞，算是做了一些“迷你改造”。

节目组的高桥章良倒好像请了一位经常上我们节目的建筑师来设计自己的新家。之所以是“建新家”而不是“旧屋改造”，据说是因为他发现了一块十分好的空地，附近是一个很大的森林公园。

/

Q 身为节目制作人，在做了这么久的节目之后，对您来说，“家”是一个什么概念?

A 作为节目制作人，我十分惊讶于看到这么多生活不便，甚至说生活方式有些“怪异”的家庭。日本如今已迈入发达国家行列，而对于生活的基石——家，我觉得大家都应该重视起来。

在周日晚8点这样一个收视率黄金时段，能够播出这样一个对“家”的概念进行思考的节目，我觉得意义是十分重大的。

在节目创立初期我们虽没能考虑得如此深远，现如今却已吸引了许多人观看。面对这样一个可喜的现状，我十分期望今后能够取得更好的成绩。

在我自己的家里，家人是我人生与生活的基础。

我十分喜欢自己在家的自由时间，以及同家人一起度过的时间。

我不了解中国的状况，但是在日本，能同家人一起

现场导演山口与建筑师柴田商讨房屋外墙的改造方案

度过的时间在慢慢减少。社会上存在着诸多问题，可是我认为，解决这些问题的一个重要因素，就是多花时间与家人相处。

与家人一起进餐、读书、做游戏。在这样的时间里，我们可以就许多问题与下一代交流。我们可以告诉孩子世间万象，并一同思考，交换意见。若仍是独身，则可以与自己的朋友或恋人这样亲密交谈。所谓的“家”，不就是这样一个地方么。

这样的生活与房屋舒适度无关。但是，若是有相聚的时间与场所的话，这种心灵的交流就会更加容易实现。

“家”是一个社会最小却又最重要的单位，由此看来，“家”应该担负着很大的使命啊。

这样的想法或许很传统，许多年轻人也许会不屑一顾。但是在我自己成为一个父亲之后，这样的感受也一天比一天强烈。

/

Q 希望通过这个节目，向大家传达出什么样的生活理念呢？

A 我的目的是通过戏剧性的变化，制作出能让观众乐在其中的综艺节目。还没有考虑到“生活理念”这个层面。

如果人们能因为这个节目，开始关注“家”这样一个享受生活最基本的要素的话，我将感到十分荣幸。

/

Q 在做节目的过程中，您得到的最大的收获是什么？

A 最大的感悟是万事都不要轻易妥协。

委托人出于信任把旧屋托付给我们，我们就必须努力把旧屋改造成他们所希望的样子。节目如果因为进行不顺利失去了趣味性的话，或许可以靠下一次的努力再把收视率追上来。可是对委托人来说，经过改造后的房子是要一直居住下去的。关于这一点，工作人员必须铭记在心。新员工来到节目组，我总会要求他们，要像改造自己父母的旧屋一样，任何细微的处都要用心，千万不能轻易妥协，草草了事。所幸，我们有建筑师这样的专业人士，也有建筑方面的外行——节目组的导演们，他们站在居住者的角度，不断提出自己的看法，有时还会因他们的意见而更改原定计划。这份热情也受到了建筑师们的好评。

/

Q 身为节目制作人，您最自豪的一点是什么？

A 作为一名工作人员的热情与认真。

刚才提到过，第一期节目在拍摄手法上颇费了一番功夫。当时，我们一遍又一遍地调整摄影角度，数次调整若仍不满意的话，就再重新来过。制定改造计划也是一样。从最初的大体计划到最后绘成图纸，曾修改过不下数十次。原本已经完成的家具，最后又拆了重组也是常有的事。最开始的时候，我也曾对建筑师与木匠们的执拗惊得哑口无言，但现在的我坚信，这些看似不可思议的举动，却往往更能撼动人心，从而酝酿出更加出色的成果。我觉得在节目组工作的员工心里都是充满自豪感的。

/

Q 您认为，这个节目做到什么样的程度才算成功？比如获得了极高的收视率。

A 事实上，我觉得这个节目已经差不多达到目的了。应该有许多人因为我们的节目开始注意到自己的“家”。

在木造建筑比较多的日本，有许多为迎合时代发展新建的楼房。通过节目，我们让人们意识到，除新建之外还有“改造”这样一个选择，这个选择让大家得以轻松地把自己的住房变成更加适合居住的地方。我们的节目能做到这一点，不就已经达到目了么？只要是依然有人需要，我就想一直把节目做下去。当然如果收视率太低节目就无法继续播出了，这也不好。

/

Q 除了委托建筑师，节目是否考虑过教一些简单实用的办法，帮助大家自己动手，改善自己的住宅环境呢？

A 我们的节目不是信息类节目，也不是指南类节目。至今没有在节目中出现过“这么改造的话您的家就可以变得舒适哦”之类的指示。

但是，节目组选取的案例大多都有这样一个特点：住房面积狭小。在当时非主流的一些收纳方法，比如把楼梯的踏板作为收纳箱等，以及一些空间活用理念之类，应该都确确实实传递给了观众。观众发来的邮件中也多次提到“很有参考价值”。

/

Q 节目邀请来实施改造的建筑师都是无偿的吗？如果是，您认为他们即便无偿也愿意接受委托的最大理由是什么？

A 策划费、设计费是有偿的。

根据市场行情，策划费会有 5%~20% 的浮动。节目最后出示的费用是接近于实际耗费的费用，根据建筑师的不同所收的策划费也不一样，甚至有时候，这部分费用会由节目组来支付，所以节目中对具体细节并未明示。也有许多人前来节目组询问建材耗费等相关问题，但我们只是一个意在通过旧屋戏剧性的变化使观众乐在其中的综艺节目，而不是什么指南性的或是介绍建筑师的节目。这也是我们选择不过分详细出示所耗费用的原因之一。

/

Q 节目组是否有收到过一些委托人或者观众寄来的信件或礼物？如果有，可否为我们介绍一例让您印象最为深刻的来信？

A 节目组的员工数量很多，各自负责不同的案件。那些员工好像有时会收到委托人寄来的礼物，不过我不是很清楚。有的员工在完成改造许多年后，依然与委托人一家关系亲密，不仅会互寄贺年卡，交换自己子女的成长状况，有时甚至还会聚在一起吃饭。

另外，节目组某位导演一到暑假等休假日，就会与家人一起去某个住在乡下的委托人家里做客，两家至今保持着十分亲密的关系。

① 综合演出：被邀请参加综艺节目的艺人。类似于我国的特邀嘉宾。

② Wide Show：日本的一个综艺节目。内容为主要讨论演艺界的新闻和趣事。

③ 重叠摄影：电影、电视中一个画面与另一个画面重叠后直接转入下一个场面的方法。前一个画面淡出，后一个画面淡入。

## 川口敏子

“日本传统与现代的融合者”／建筑师、长冈造形大学教授／个人网站 :http://arcka.com

参与节目(部分):

| | |
|---|---|
| 《大正时代的家》 | 2003 年 6 月播出 |
| 《浴室只有 1/4 坪的家》 | 2004 年 9 月播出 |
| 《被书本淹没的家》 | 2006 年 1 月播出 |
| 《被客人看见裸体的家》 | 2009 年 7 月播出 |
| 《处处变得令人失望的家》 | 2010 年 7 月播出 |

■ 以“simple & sustainable”为理念，我参与了多次设计。

■ 住房或许是这样一种存在：居住在里面的人们，都愿意花上这么一些功夫来保养，让自己的居所越发光鲜亮丽起来。

■ 作为一名建筑师，通过“建造”这样一种行为，我同房主一起，跟这个社会产生了某种关联。家族成员与社会共享某个空间，这样一件事的意义究竟在何处?这是我思考的出发点。去帮助那些想要真诚、快乐地

■ 生活的人们，让他们能够享受到更加富足的时间与空间。我感到，这就是我的使命。

■ 建筑行业因其不透明性经受着来自社会的巨大压力。通过节目，这样一个看似“神秘”的领域自然地融入了人们的茶余饭后，普通百姓对房屋的兴趣也被调动了起来。我曾数次参加节目，每次接受的委托案具体情况都不一样，面对委托人各自的困扰，要给出一个合适的解决方案绝非易事。但正因如此，才有了挑战的乐趣。

■ 看着电视里各色各样的改造案例，人们跃跃欲试的心情也被撩拨起来了吧。或许，今后将会有越来越多的人想要对自己的旧屋进行改造。而我也期待着，人们都能为自己的住房多花些功夫，用心保养，共同创造出更具可持续性的居住环境。

## 柴田达志

“现代主义的继承者”／建筑师

参与节目(部分):

| | |
|---|---|
| 《到处是空房间的家》 | 2009 年 5 月 31 日播放 |
| 《曾是公共澡堂的家》 | 2009 年 8 月 23 日播放 |
| 《晾不干衣物的家》 | 2010 年 9 月 12 日播放 |
| 《把水桶当浴缸用的家》 | 2010 年 9 月 12 日播放 |

■ 日语里有“不愧”①这样一个词。水由高处向低处流，自然不做作。人亦当如此。“不愧”一词，赞其行动如流水般灵动，叹其举手投足间透出的顺应自然的和谐之美。当一个人能够一眼看穿事物之本质，并最终取得出人意料的结果时，我们便会发自内心的感叹道：“不愧是……”

■ “不愧”一词，有时会给人一种无形的压力，从而在一定程度上限制人们自由施展。但我们或许应该拿出勇气把自己的思维“矫正”一下：“这种赞扬真是求之不得啊”、“这反而让我拥有了自由的施展空间”。如若能这样想，那实在是一大幸事。

① 即“さすが”，用汉字书写时写作“流石”。

■ 节目中改造“匠”应该具备的，正是敢于担当“不愧”二字的勇气。节目所需要的，也正是这样一种精神与行动力。

■ 通过“改造”这种方式，我们必须把生活中一些熟视无睹的，已经“扭曲”的空间构造“矫正”过来。而这种“矫正”，并不等同于哗众取宠的小把戏或矫揉造作的小惊喜。

■ 在建筑师手上，一幢房屋的改造方式可以有无数种。于我而言，摆在眼前即是这样一个难题：把面前乱糟糟的线团解开，再重新系出一个漂亮的结。整个改造过程，其实就是一段与委托人共同展开的冒险旅程：一同获得线索，发现乐趣，不达目的誓不罢休。

■ 在旅途中，双方互相交换审美看法，共同发现那应当被重视起来的未来。通过这段旅程，我们得以确认自己的过去，回顾自己此前走过的路。从而在与人交流时，对自己的品味充满自信。最后，个人的品味与格调也就自然显现了。

■ 另外，由于改造过程最终要搬上荧屏，所以我们必须有这样一种观念：这不是一次普通的改造，而是一场“盛宴”。不管委托人在场与否，我们都要努力带动观众们 high 起来，摸索出一套能与观众在情感上达成共通的模式。这种体验是相当珍贵的。通过节目，我们得以把抽象的建筑理念转化成具体的行为传达给世人。从这个层面看，节目的意义的应该是很容易被世人理解消化的。

■ 上节目，就意味着自己与员工们的一举一动都会在观众们的眼皮底下（或者说主动展示给观众看）。关于这一点的必要性，我已有了切实体会。节目还使我明白了另一件事情，那便是：建筑，是一场异彩纷呈的盛宴。

## 天野彰

**“无障碍设施的热血讲师”／一级建筑师、“日本住房改善委员会”和“住房与建筑健康安全保障会”会长、日本建筑仕上学会理事**

参与节目（部分）

《浴室隔得很远的家》　2009 年 9 月 6 日播放

《能在玄关照料 90 岁老母亲的家》　2010 年 7 月 4 日播放

《没有扶手的家》　2010 年 11 月 7 日播放

■ 住房的改造与重建能够在很大程度上改善住户的生活。《全能住宅改造王》是第一个同时展开房屋改造与“人生剧本”改造的节目。它关注人们的困境，把每一个委托人的改造梦想与预算完美结合，并通过精湛的施工技术让人美梦成真。不仅如此，它还把委托人的每一份感动毫无保留地展现在观众面前，富有戏剧性的故事情节，让每一期节目都如电视剧般引人入胜，这是一档前所未有的纪实节目。

■《能在玄关照料 90 岁老母亲的家》这期节目中，照顾母亲的女儿二人分别是 68 岁与 60 岁高龄的老人，是典型的“老护老”案例。旧屋的设计不便于照料母亲，女儿二人更因年事已高而力不从心。长期卧床的老母亲，照料母亲的女儿，怎样才能让双方都感到舒适？这个命题，即“身体的无障碍与心灵的无障碍”命题，或许将成为今后看护类型房屋改建的一个切入点。

■ 随着少子化与老龄化的加剧，年轻夫妇除了拼命工作和养育子女之外，还必须赡养 4 位老人。不得不说，我们面对的，正是这样一个不幸的时代。

■ 如今的社会虽然持续关注着这一点，社会福利也越来越健全，但却始终没有一个完善的解决方案。今后，对于护理设施的要求应该会持续增大，或许有一天，人们会开始从住房的整体结构上来考虑如何解决护理家中老人的问题。建筑师也一样，其职责不仅仅是构建空间，更重要的，构建出一种能解决上述问题的思维体系。

# 案例：能在玄关照料 90 岁的老母亲的家 / 2010 年 7 月 4 日播出

### 这户人家所面临的问题

68 岁与 60 岁高龄的两姐妹照料 90 岁高龄的母亲，处于“老护老”的不便状态，而房屋却设计得根本不便于照料老人。

因母亲腿部骨折，无法上二楼，看护用的床只能摆在一楼刚进玄关的地方，这里寒冷且人声嘈杂，不够安静。

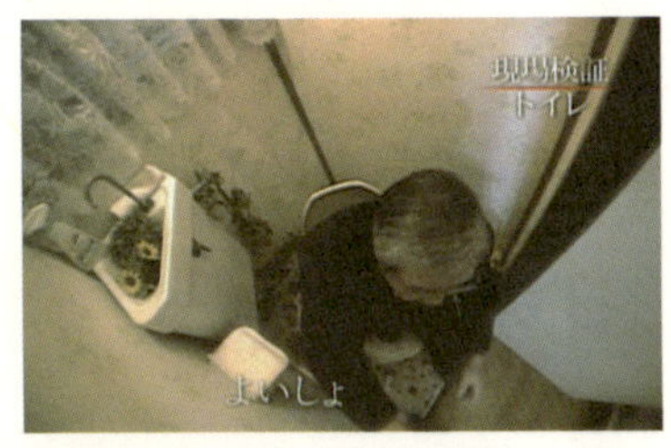


厕所、浴室、厨房等面积实在过于狭小，使用非常不方便。

浴缸深 60cm，其边缘与地板高低差为 40cm，高低差过大，老年人使用有潜在危险。

母亲须每周两次前往老年康复中心，在到达大路之前，女儿必须抱着母亲走过一段还未铺好的小路，十分不便。

通往二楼的楼梯不仅坡度过陡，扶手也已经损坏，残破不全，不但不能起到保护作用，反而存在安全隐患。

二楼阳台的木质地板已开始腐烂，人一旦站上去随时都可能因地板断裂而掉落。

### 任何时候，都可以守护母亲

老母亲的床原本放置在玄关这样一个不够安静的地方，现在已经移至光线充足的通风处，旁边就是方便照料老人的宽敞的卫生间。从厨房和二楼都可随时看到母亲的床。打开二楼两个房间的门，正好能看见母亲床边的通风口。从那里可以随时观察到母亲的状况。

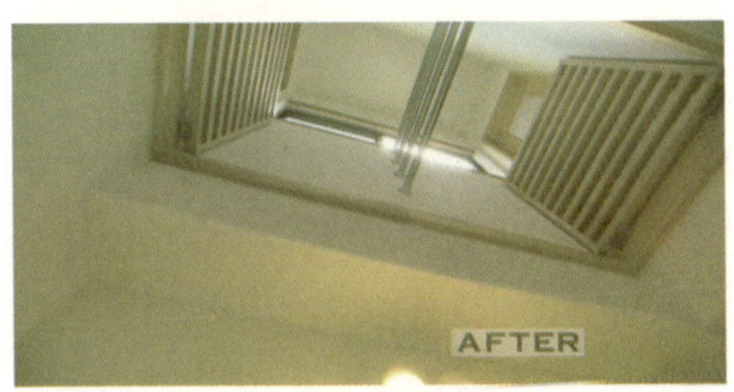

母亲的床头，还有安装了一个呼叫铃。只要一按下这个按钮，二楼的警报铃便会响起，就算停电也没关系。遇上停电，应急灯会自动亮起来。通往一楼的楼梯在灯光的照射下明亮而清晰，女儿们能够安全地到达母亲身边。

## 人性的房屋结构，为看护提供最大便利

门前凹凸不平的小路被铺成了易于行走的平坦大道，一家人能够平安出门，安全回家。

再来看看浴室。为了让母亲和女儿二人都最大限度地感到方便，打通了浴室与厕所还有更衣室。更衣室里还配备了一个很大的洗脸台。

厕所面积也扩大了。另外，为方便进行护理，座便两旁新增了两个高度恰好的小台子。为了充分利用台下的死角实现物品收纳，两个台前都安装上了门。

## 充分利用空间，实现强大的收纳功能

面对仅有九坪①的楼房，建筑师开始在空间利用上做文章。

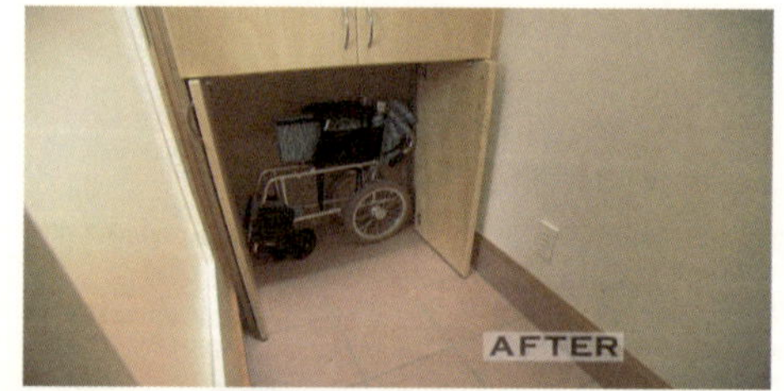


打开房门，轮椅能够直接推进长廊。尽头处，是一个简单方便的壁橱，高度适宜，矮个子也不用担心够不着。壁橱下方，设计了一个能够收纳轮椅的空间。因为空间足够高，轮椅即可直接放入，也可折叠以后再放入。

母亲床和折叠椅下面也暗藏玄机。按下弹簧按钮，呈现在我们面前的是一个能够收纳棉被等大件物品的空间。楼梯下的死角也得到了充分利用。装了小脚轮的箱子拉伸自如，灵活运用了每一寸空间。

① 坪：日本面积单位，1 坪＝ 3.30378 平方米，9 坪大约为 30 平方米。

## 华丽变身，成为更舒适宜居的新家

建筑师还充分考虑了委托人的生活状况。为使委托人姐妹生活得更加舒适，建筑师在这次改造中融入了自己的许多创想。

在厨房，利用厚实的墙壁制作了物品收纳架。这个节省空间的收纳架后方新开了一扇小门。在房子外面打开这扇小门，正好能够取到放在架子最下层的垃圾箱，这样一来，倒垃圾也方便多了。由于周围住房林立，一楼的光线十分不好。建筑师把二楼阳台的一半改建成一楼的天窗，从而解决了一楼的光照问题。从天窗射入的阳光能够一直照到玄关尽头，让一楼更加光明，更加温暖。之前几乎不怎么使用的二楼也被利用起来了。长廊两侧的和式房间与西式房间，分别是委托人姐妹俩的卧室。有了自己独立空间的两姐妹，将迎来更加舒适便捷的生活。

| | |
|---|---|
| [节目名称] | 全能住宅改造王① |
| [播放时间] | 每周日晚 7:58~8:54 |
| [发行时间] | 2002 年 4 月 28 日(日)② |
| [出演人] | 主持人：所乔治 |
| | 助理主持人：江口ともみ |
| | 解说员：加藤绿 及嘉宾 2~3 人 |
| [节目组员工] | 总制片人：吉川知仁(ABC③) |
| | 制片人：竹岛和彦(ABC)、西尾理志(ABC)、寺本俊司(社员)、 |
| | 古殿香织(社员)、一丸拓之(JUMP 株式会社)、古原幸一(JUMP 株式会社) |
| | 综合演出：高桥章良(CHAPTER 有限公司) |
| [制作] | ABC，社员，JUMP 株式会社 |
| [网络] | ABC 朝日广播系列全国网络 |
| [播放形式] | 高清视频、文字等多重样式 |

① 节目名称直译为“大改造！戏剧性的 before 与 after”。国内电视台在首次引进时定名为“全能住宅改造王”，播出第二季时更名为“超级全能住宅改造王”。

② 2006 年 3 月 9 日中止播放，2009 年 4 月 26 日推出第二季，重新开播。

③ ABC：即 Asahi Broadcasting Corporation，日本朝日放送株式会社。

# “怪物节目”红白歌

撰文 | 剑心　图片 | 剑心、知日资料室

**在中国，大家也许习惯在大年除夕夜，全家围着电视观看春节晚会，而在日本也有一个同级的盛会，就是已经举办了六十一届的《红白歌合战》。**

## 传统六十年

■这个一年一度的大除夕音乐活动，每年举办前 NHK 都会在 9 月公布该年度的主题，还有应援队的组成。之后就发表司仪的人选，红白组各选一女一男，传统上都是会起用 NHK 的主播，不过渐渐发展会起用 NHK 大河剧或晨早剧的主角，或者一些在红白出席多年成为传说的歌手。近年开始进一步放宽，开始有“外援”登场，多为有人气或话题性的演员或歌手。

■之后在 11 月公布出场的歌手，女性歌手组成红组，男性歌手组成白组，如果是男女混合的组合，就以主音歌手的性别去决定属于哪一组。而决定出场的要素有很多，主要是唱片销售成绩、实力、话题性、唱功等等，但一直存在因其他理由而出战的情况。

■ 到了 12 月就会公布歌手的选曲，多是选出战当年的大热歌曲，不过也有些出场歌手不是因为音乐成绩，而是为其他原因而出战，他们就会选择一些旧歌，特别是近年的演歌歌手会多选旧作出战。此外也有些歌手因为大热曲歌词意识问题被 NHK 反对，而需要唱另一首歌。

■而最后到正式举行前数天，会公布各歌手的出场次序，随即开始彩排，迎接 12 月 31 日红白歌合战的正式演出。

■大会本身以歌唱比赛的形式进行对决，由红白两组的歌手轮流出场。而当中红白组第一个出场和压轴出场的单位特别受注目，是对于其乐坛地位的肯定，故此一直以来都是歌手争夺的位置。

■胜负由审查员决定，审查员最初的组成是由 NHK 挑选的艺人、运动选手、名人等等，还有现场观众，以高举手上红色或白色的扇子来决定胜负。而公布结果的方法也随时代改变，从 1981 年至 2001 年，特别审查员会 1 人 1 颗球分别投入红或白两个箱子之一，加上会场观众举红或白扇子，当中得票数较多的一方可再获得 2 颗球，最后由红白两组司仪向观众席丢球，丢到哪一方没球就判定胜负。而近年就发展到以电子版显示，还会清楚展示所有投票的准确票数。

■优胜队伍决定的一刹，电视画面会打出“X 组 优胜！！”的字样，舞台上方会洒下大量的纸吹雪，然后胜出方的司仪就会高举优胜旗，最后全体唱出恒例的闭幕曲《萤之光》，节目告终，一起迎接新年。

## 人气大合战

■出场歌手是每年最受人关注，也是最多争议的部分。歌手的出场主要是以其该年度在乐坛上的成绩去决定，这是红白初期的传统，当年被全年收视 No.1 的红白邀请出场是极高的荣誉，所以被邀请者几乎都会答应出场。

■首先是和 NHK 及大型活动有关的歌手被认为有特别对待，例如对唱出 NHK 大河剧、晨早剧的主题曲，以至是为 NHK 有关的电视及电台节目提供歌曲及演出的歌手，会因为“对 NHK 有所贡献”而提高出场的机会。例如生物股长在 2008 年因为替 NHK 剧集唱出题曲，成绩并不突出而被提拔参加红白。

■ 同样的，为国际活动如世界杯、奥运等唱出主题曲的歌手也有加分，例子如 2010 年 L'Arc~en~Ciel 为 NHK 冬季奥运转播唱出主题曲“BLESS”，10 年来首次再得到红白出场的机会。

■ 而歌手选择的范围，多为当时的主流乐坛（主要为演歌及 J-POP），对于重金属乐队、古典音乐系以至动画声优等非主流歌手的选拔非常之少。同时亦以日本本土的歌手为主，但会因为个别的主题而邀请外国歌手。

■ 到了近年，因为乐坛的变化，NHK 也改变了部分选拔的条件，例如因为演歌的唱片销售大不如前，如果纯以销量去排名，可能根本不会有演歌歌手登场，故此 NHK 会给与演歌歌手一定的名额，去维持长者阶层的收视率，故此造就了北岛三郎、森进一这些征战了红白四五十年的传说，此外每年都会展出华丽无比服装的小林幸子因为对红白带来话题性，而连续三十多年都被邀请出席。

■ 在事务所方面，红白最初并未限制太多，最经典是 1974 年渡边制作事务所有 10 组艺人同时亮相红白，但随着乐坛的改变，NHK 为了平衡不同势力及吸纳更多的观众，会对特定的事务所作出登场限制，当中最明显的例子是杰尼斯事务所。

■ 在 20 世纪 80 年代捧红近藤真彦、光 GENJI 等大红偶像歌手后，杰尼斯事务所可说是叱咤日本乐坛，NHK 于是开始对其旗下歌手作出场限制。故此由 1994 年开始至 2008 年，基本上杰尼斯事务所只会派 SMAP 及 TOKIO 两个组合出场，而就算他们的后辈如 KinKi Kids 和 V6 等创出佳绩，也永远和红白无缘，顶多只能成为嘉宾及评审出场。而这个限制随着近年乐坛其他势力的兴起而有所改变，NHK 亦表示不会再有限制出场这一回事。

■ 近年红白收视大不如前，在乐坛的地位渐渐下降，歌手的心态由最初“被红白邀请出场是极高荣誉”，变为可有可无。B'z、小田和正、宇多田光等一直拒绝 NHK 邀请而从未出场，宇多田光更因豪言“未看过红白”成为媒体的焦点。

■ 除了歌手，红白的司仪人选也同样受到关注。红白两组的司仪负责为各自的出场歌手进行介绍，而总合司仪就会主持一些整体的活动，例如开场、大合唱、公布结果等。

■ 基本上红组司仪是女性，白组司仪是男性，但 NHK 也曾发表了“红组的司仪没规定是女性”的言论。司仪一般只有 3 人，但 1986 年，红白两组都各有两位，舞台上开始出现多人司仪。而最近 2010 年因为组合岚成为主持，司仪人数更打破纪录达到 6 人。至于总合司仪，由于需要专业及正经的形象，长年都是由 NHK 的男主播担任，经验丰富。

■“对 NHK 有所贡献”这一点，在选择司仪时更加吃重，多会选用 NHK 大河剧或晨早电视小说的主角出任，包括 1999 年的中村勘九郎、2005 年的仲间由纪惠等。

■ 当红白司仪某程度上是代表 NHK 对其表现的肯定，有助他们在 NHK 的发展，故此成为不少艺人争夺的职位，亦是每年媒体猜测的话题。然而当红白司仪的酬金，根据数据，只有一般民营电视台同级节目的 1/10。

## 新生黎明（1951 至 1972）

红白歌合战，1951 年开始由日本广播协会（NHK）主办。但其实真正的第一次是在 1945 年大除夕，那时日本刚战败，日本政府希望用歌曲来治疗国民受创的心灵，希望举行“红白歌合战”。然而那时占领日本的联合国军司令部对于“合战”这字句表示不妥，故此改名为“红白音乐试合”并正式举行。

■ 原本只打算举办一届的红白，由于受到好评，五年后 1951 年的正月改名为“红白歌合战”再次举办。

当时日本正处于战后复兴时期，经济慢慢好转，因为电视未开播，只能由电台进行直播，但红白还是受到听众支持，一炮而红。

■ 1953 年，日本正式开始了电视广播，当年年初举行的第三届红白取得成功，NHK 有感其大受欢迎，决意升格为当家皇牌而大搞，作为送旧迎新的重要节目改在大除夕夜放送，并把举行地点由 NHK 的录像室转至公开的剧场，加入现场观众。

■ 到了 60 年代，日本开始进行电视收视调查。1963 年第 14 届的收视率达 81.4%，即每 5 个日本人有 4 个都在收看红白，至今仍是日本电视史上的最高记录，相信今后也无人能破。那时红白是日本乐坛顶尖的盛会，歌手为了争取出场，竞争激烈，甚至有人因为未能出场而落泪。那时民营电视台虽然也有推出除夕节目，但完全不是红白的对手，歌手就算参与其他节目也会飞车赶往红白现场。

■ 而这个时期的代表歌手为美空云雀，她由 1963 至 1972 年，连续 10 年担任红组压轴歌手，是红白以至日本乐坛的永恒传说。

## 辉煌全盛（1973 至 1985）

■ 1973 年 NHK 会堂在东京涉谷建成，红白首次在该会堂举行，直到今天。虽然面对其他电视台的强力挑战，红白的收视及受欢迎程度仍然保持高水平，一直维持 70% 以上。

■ 此时日本乐坛开始转型，偶像派歌手出现，20 世纪 70 年代的代表人物分别为“新御三家”（乡裕美、西城秀树、野口五郎）及“花间三重奏”（森昌子、樱田淳子、山口百惠），自他们在 1974 年初上红白就让偶像热潮发光发亮。

■ 到了 1978 年，传统上最重要的压轴歌手，首次由非演歌系的歌手负责。红组压轴为山口百惠，白组压轴为泽田研二，这正式标志着日本乐坛的交棒。

■ 踏入 80 年代，偶像热潮达到高峰，田原俊彦、近藤真彦、松田圣子、中森明菜一一登场，占领整个日本乐坛，同时男子组合也开始受欢迎，苦柿队、THE CHECKERS 相继出道大红。华人歌手开始在日本走红，陈美龄、欧阳菲菲、邓丽君都相继打入红白。

## 变革与转营（1986 至 2000）

■ 80 年代后半因为日本乐坛出现偶像疲劳，加上演歌声势急转直下，电视音乐节目减少，红白的收视因此大幅下降，由 1984 年的 78.1% 直降至 1990 年的 40% 左右。于是 NHK 展开改革，把歌手邀请

范围扩大至歌剧、民谣、童谣等，然后藉卫星直播的发展，邀请海外歌手直播亮相红白。

■ 然而这些变革一一失败，收视不断下跌，终于到了 1992 年 NHK 不再耍花招，回归基本，以本地流行乐坛为目标，邀请 J-POP 的实力分子出场，于是收视终于止跌，维持在 50% 左右的水平。

■ 日本乐坛方面，90 年代初是杰尼斯事务所走红的时期，由光 GENJI 到 SMAP，不断推出当红的男团。然而到了 90 年代中期，小室哲哉家族崛起并迅速雄霸日本乐坛，其势力在 1996 年达到顶峰，TRF、安室奈美惠、华原朋美、globe 四队"小室家族"成员齐齐打入红白成为经典，但其声势却随着安室奈美惠结婚生子宣布休业及其他音乐势力的兴起而急速下滑。

■ 到了 90 年代末期，视觉摇滚系在 X JAPAN 的带领下成为主流，LUNA SEA、GLAY、L'Arc－en－Ciel 除了唱片销量突出外，更一一打入红白。同时 SPEED、Morning 娘等女子团体乘时而起，一时百花齐放。

## 低谷与回暖（2001 至 2010）

■ 因为日本人娱乐模式增加，加上卫星电视及手机的兴起，红白的收视再度衰退，2004 年直降至不足 40% 的新低点。歌手不再视参加红白为荣誉，红白作为乐坛顶尖盛会的光环被打破，开始出现大红歌手拒绝参加的情况。由 GLAY 的拒绝演出上报纸头版，到宇多田光"未看过红白"的言论，都把红白打成一个普通而不再有吸引力的音乐节目。

■ 另一个问题是档期，因为越来越多歌手希望办跨年演唱会，除夕晚举行的红白变成了障碍，加上其他电视台的年终音乐节目发展成熟，如富士的"FNS 歌谣祭"、朝日的"Music Station Super Live"等，歌手会倾向选择出席这些不影响除夕开演唱会的活动而不参加红白。

■ 2004 年，因为发现 NHK 的红白监制在制作费中有不正当的支出，报道引起了广泛关注及批评，加上 TBS 在除夕推出的"K-1 PREMIUM Dynamite!!"格斗大会的支持者渐多，导致 2004 年的红白成为史上最低收视率的一届，NHK 的会长因此引咎辞职。

■ 幸而还有不少歌手支持红白，例如 AVEX 系的浜崎步和幸田来未，杰尼斯事务所，还有 aiko、中岛美嘉、绚香、コブクロ等，红白才得以维持一定的吸引力，度过难关。

■ 最近几年，红白再度加重流行音乐系的比重，在减少演歌歌手之余，更把 JPOP 歌手大幅升格到成为压轴台柱。如 SMAP 在过去八年三度成为白组压轴，最近两年红组的压轴也由 DREAMS COME TRUE 负责。同时日本乐坛因为岚及 AKB48 的大热再起风云，唱片销量回升，他们在红白的登场也为节目带来了反弹的机会。

## "怪物节目"

■ 红白歌合战长期雄霸日本每年的收视冠军，最高峰时，全日本的八成人口都在收看这节目，可说是日本最具代表性的电视节目。由 20 世纪 60 年代开始有收视调查以来，红白都能经得起考验和其他电视台的挑战，保持 70% 以上的收视率，所以到了八十年代媒体常称其为“怪物节目”，来说明其收视及受欢迎程度像怪物般恐怖。

■ 即使近年收视下跌，但那也主要是因为人民生活娱乐多元化而让整体收视下降，红白纵使被体育节目如世界杯所超越，未能成为全年度冠军，但在电视剧和综艺节目方面仍然保持强大的优势，仍是全民关注的对象。

■ 红白的演出通常能为对歌手在翌年初的 CD 销量带来不小影响，这个现象被称呼为“红白效应”。最值得一提的是，于 2006 年第 57 届出场的男高音歌手秋川雅史，他在红白唱出《化作千风》之后，此歌一炮而红，销量节节上升，突破百万，一个月内升到 ORICON 冠军位置（ORICON 开榜五十年来首次由古典音乐类歌曲夺冠）。

■ 每年九月红白的宣传就已经开始，大会主题、司仪、出场者、曲目、顺序，每一次消息公布都会引来媒体的猜测和关注。对于司仪和初出场者，记者会让他们有更强大的曝光机会，故此争取初出场成为了新晋歌手的重要目标。

■ 而因为红白特殊的历史地位，所有电视台都会高度重视并报道，以让观众了解第一手的消息。但这会引来电视台本身的矛盾，因为报道红白就等于打击自家除夕节目的宣传！然而电视台因为观众有兴趣却不能不报道红白，故对出席红白的艺人而言，等于参与一台活动却可以在其他多个电视台亮相，这是在其他电视台的节目中不可能得到的优良宣传效果。可以想见，今后的红白歌合战还是相当有吸引力的。

### 01 昭和 26 年（1951）

**司仪：红组／加藤道子 白组／藤仓修一｜出场：红组 7／白组 7｜优胜：白组**

第一届的红白只有 14 组登场歌手。当年电视未普及，节目以收音机为平台播出。因为时间只有一小时，所以出场歌手介绍之类一律欠奉。但这无阻国民对红白的热情，NHK 收到大量电话，听众不断在说“红组必胜”、“白组必胜”，这一度让机楼负荷不了。

### 04 昭和 28 年（1953）

**司仪：红组／水の江滝子 白组／高桥圭三｜出场：红组 17／白组 17｜优胜：红组**

第一届有电视直播的红白，同时也把举办的时间改至除夕晚，正式建立红白的传统。参赛单位增至 34 队之余，红白更把会场由 NHK 的录像室转至日本剧场，以容纳更多观众，自此红白每年都会在不同的剧场举办，直至 20 年后 NHK 会堂落成。

这一届结果十分有趣，因为爱美的女歌手意识到有电视直播，纷纷以华丽衣装登场，结果红组大胜而回，首次赢出。男歌手纷纷表示“电视真恐怖，全败给衣装”，自此歌手对于红白的登场形象加倍注重。

### 05 昭和 29 年（1954）

**司仪：红组／福士夏江 白组／高桥圭三｜出场：红组 15／白组 15｜优胜：红组**

白组的儿童男高音河野ヨシユキ以 10 岁之龄登场，成为史上最年轻的出场歌手，直至 21 世纪才被“波儿”大桥望美打破。而红组方面，日本乐坛史上最伟大的女歌手，人称“永远的歌姬”的美空云雀以 18 岁之龄初上红白，成为话题。

### 06 昭和 30 年（1955）

**司仪：红组／宫田辉 白组／高桥圭三｜出场：红组 16／白组 16｜优胜：红组**

这一年，民营电视台开始制作年末的音乐节目抢收视，而 NHK 的对策是起用男主播宫田辉作红组的队长，并首次组织应援团打气，自此应援团成为红白的一个重点。

### 07 昭和 31 年（1956）

**司仪：红组／宫田辉 白组／高桥圭三｜出场：红组 24 白组 25｜优胜：白组**

为了对抗民营电视台的挑战，NHK 决定把红白升格，出场单位由之前一届的 32 组一口气加到 50 组，红白自此奠下全年最大型节目的基础，也开创了其第一个黄金时代。初次在红白登场的三桥美智还因为太兴奋结果流鼻血。

### 09 昭和 33 年（1958）

**司仪：红组／黑柳彻子 白组／高桥圭三｜出场：红组 25／白组 25｜优胜：红组**

因为其他电视台的除夕音乐节目越来越多，各艺人只有用出租车穿梭不同的会场。而当时日本的出租车司机为了生计，很多都亡命驾驶，人称“神风出租车”，于是乘出租车赶往会场的歌手就被称为“神风艺人”。

这一届首次有组合登场，由水谷良重、东郷たまみ、沢たまき组成。但最搞笑的是初出场的フランキー堺，他以一身航天员装束登场，手持厕纸宣读“来自宇宙的讯息”，不料手一滑，厕纸跌在舞台上的高热灯，迅即起火，工作人员立即总动员冲上台救火……

### 13 昭和 37 年（1962）

**司仪：红组／森光子 白组／宫田辉｜出场：红组 25／白组 25｜优胜：白组｜收视：80.4%**

日本首次出现收视率调查，这一年红白的收视达到 80.4%，直至 1998 年，红白每年都成为全日本收视冠军的节目。

### 14 昭和 38 年（1963）

**司仪：红组／黑柳彻子 白组／高桥圭三｜出场：红组 25／白组 25｜优胜：红组**

这一届红白平均收视率达 81.4%，是日本有收视率调查至今 49 年历史中的 No.1，相信今后也很难打破。当晚有 8000 万人同时收看了节目，这可说是“前无古人，后无来者”的日本收视王者。多人收看的原因，是日本正式进入战后最重要的一年——1964 年，东京即将举办奥运会，开展日本再度投入世界，重拾国际地位的重要时刻。而 1963 年除夕晚举行的红白就正是这辉煌一年的最佳开幕场所，故此这一晚的开场仪式，是名演员渥美清手执奥运圣火入场，举国沸腾！这一届最后的合唱歌也由恒例的《萤之光》改为《东京五轮音头》，以纪念奥运会的来临。

### 15 昭和 39 年（1964）

**司仪：红组／江利チエミ 白组／宫田辉｜出场：红组 25／白组 25｜优胜：白组｜收视：72.0%**

首次以彩色电视直播的红白，让歌手更关心出场的服装。同时这也是红白首次利用电台在海外作声音直播，红白正式冲出日本进军世界。

因为这一年东京奥运大成功，所以红白应援团以"东洋魔女"的排球装束出现，同时出场歌曲中有四首都是以"东京"为题材。

### 16 昭和 40 年 (1965)

**司仪：红组／林美智子　白组／宫田辉｜出场：红组 25／白组 25｜优胜：白组｜收视：78.1%**

初次出场唱出《Mack The Knife》的四人男子组合杰尼斯，成为首个在舞台上变装的组合。他们的横空出世，为偶像时代揭开序幕，而他们正是当今日本乐坛呼风唤雨的"杰尼斯事务所"成立后打造的第一队偶像组合，被称为"元祖杰尼斯"。

### 19 昭和 43 年 (1968)

**司仪：红组／水前寺清子　白组／坂本九｜出场：红组 23／白组 23｜优胜：白组｜收视：76.9%**

现有"演歌天王"之称的森进一在这届首度登场，独特的沙哑嗓音自此征服日本以至亚洲，而他由这届开始直到去年，每年都出现在红白从不间断，现以 43 次成为红白连续出场纪录的保持者。

### 22 昭和 46 年 (1971)

**司仪：红组／水前寺清子　白组／宫田辉｜出场：红组 25／白组 25｜优胜：白组｜收视：78.1%**

这一年白组的尾崎纪世彦在日本唱片大赏获奖，因为他是白组打头阵出场的关系，当他在唱片大赏完结后在会场与职员拥抱祝贺之际，红白的职员对他说出"只等你三秒"，就迅即把他押上车，前往红白的会场，可见当年电视台争夺歌手的激烈，以及红白的强大势力。

### 23 昭和 47 年 (1972)

**司仪：红组／佐良直美　白组／宫田辉｜出场：红组 23／白组 23｜优胜：红组｜收视：80.6%**

这一年主要初登场的有当时人气极高的天池真理及野口五郎，还有来自台湾的欧阳菲菲。此外还有不少趣事，例如上条恒彦因为唱得太热情投入，竟然唱到眼镜飞脱，布施明在外套左胸部分挂上 400 个电球变成发光玫瑰，全场瞩目。组合フォーリーブス的北公次，成为首个在红白舞台打后空翻的歌手，还有山本リンダ继五年前首穿迷你裙后，成为首个在红白露肚脐的歌手。

### 24 昭和 48 年 (1973)

**司仪：红组／水前寺清子　白组／宫田辉｜出场：红组 22／白组 22｜优胜：红组｜收视：75.8%**

这一年红白首次在刚建成的东京涉谷 NHK 会堂举行，直至三十多年后的今天仍然继续成为每年红白的场地。而这一年有很多特别的初出场歌手，有来自香港的陈美龄。最大的话题新人是森昌子，因为她以 15 岁之龄登场，当时日本劳工法例规定这年龄的打工时间不能超过晚上 10 时，于是她在红组第三位出场后，被安排落台和妈妈在观众席上看演出。

### 26 昭和 50 年 (1975)

**司仪：红组／佐良直美　白组／山川静夫｜出场：红组 24／白组 24｜优胜：白组｜收视：72.6%**

这一年的红白，开始了卫星直播服务，让更多人可以收看。而这一届的亮点包括著名的宝冢歌剧团的花组及月组以《凡尔赛玫瑰》的装束华丽登场，还有主持兼歌手的佐良直美献唱披头士的名曲《Ob-La-Di, Ob-La-Da》之时，原本在舞台上并排的红组歌手突然冲到舞台前方，原因是伴奏的风笛太大声吓到了她们……

### 27 昭和 51 年 (1976)

**司仪：红组／佐良直美　白组／山川静夫｜出场：红组 24／白组 24｜优胜：红组｜收视：75.6%**

这一届白组有强力的应援者，当年雄霸日本棒球坛的王贞治，带着 700 多个全垒打纪录登上红白，由草刈正雄投球然后王贞治向观众席强棒一击，实际就只是播出击球声没有打中。而此时白组司仪山川静夫就扮作实况评述大叫全垒打制造效果，但红组的司仪佐良直美就冷冷地说未见过这样的全垒打……

### 30 昭和 54 年 (1979)

**司仪：红组／水前寺清子　白组／山川静夫｜出场：红组 23／白组 23｜优胜：红组｜收视：77.0%**

是年初出场演歌歌手渥美二郎当知道肯定出场后，为了未婚妻可以现场看他的演出而寄出 100 张明信片去抽签成为佳话。当年能去现场观赏红白的中签率大约是 50 分之一。

作为纪念性的第三十届，大会请来了红白历史上最具代表性的二人，包括歌姬美空云雀及初代白组领军人物藤山一郎登场对唱。事实上那时 42 岁的美空云雀刚经历了生命中最黑暗的时间，因为家族和黑道扯上关系而被全国遗弃，后来在 NHK 一步步安排下，在这一年的红白让她重拾歌手的身份。

### 32 昭和 56 年 (1981)

**司仪：红组／黑柳彻子　白组／山川静夫｜出场：红组 22／白组 22｜优胜：白组｜收视：74.9%**

这一年的红白进行创新，加入现场观众全员审查投票，而点票及数票的工作，就落在"日本野鸟协会"及"珠算日本一"手上。

### 33 昭和 57 年 (1982)

**司仪：红组／黑柳彻子　白组／山川静夫｜出场：红组 22／白组 22｜优胜：红组｜收视：69.9%**

首次在电视上加上歌词字幕的一届，而数最出位的是 Southern All Stars，他们以奇装异服登场之余，在唱到最后更有成员把头埋在桑田佳佑双腿之间，其过激的表演让 NHK 一度暂停放送他们的演出。

### 36 昭和 60 年 (1985)

**司仪：红组／森昌子　白组／铃木健二｜出场：红组 20／白组 20｜优胜：红组｜收视：66.0%**

对中国人来说这一届红白印象特别深刻，因为中国大陆流行音乐的启蒙先驱、华人史上最深入民心的亚洲歌后邓丽君首度在红白登场。而这也是她最光辉的年代，1984-1986 年，她得到日本有线放送大赏三连霸的纪录，并连续三年入选红白。

### 37 昭和 61 年 (1986)

**司仪：红组／目加田赖子、斉藤由贵　白组／千田正穂、加山雄三｜出场：红组 20／白组 20｜优胜：白组｜收视：59.4%**

最注目的初登场正是杰尼斯事务所的新晋组合少年队，成员之一的东山纪之在中段间奏时脱掉裤子也成为红白脱裤首人。而同时这也是红白有收视调查以来，首次跌破 60% 大关，让 NHK 当局大为紧张，急谋对策。

### 38 昭和 62 年 (1987)

**司仪：红组／和田アキ子　白组／加山雄三｜出场：红组 20／白组 20｜优胜：红组｜收视：55.2%**

由于早两年的红白收视急跌，所以 NHK 决定在选择出场歌手方面作出变动，把邀请范围扩大至歌剧、民谣、童谣等歌手，企图增加观众的层面。但也因为这样减少了偶像的出场机会。未有新的偶像之余，更有四组消失，这引来大量抗议电话。结果收视也是继续下跌，NHK 算盘打错。

另外，一直以来，在歌曲的前奏和间奏期间，司仪会为歌手及其衣装作出解说，而到了这一年这个传统消失了，观众可以由头到尾静心收听整首歌曲。

### 39 昭和 63 年 (1988)

**司仪：红组／和田アキ子　白组／加山雄三｜出场：红组 21／白组 21｜优胜：白组｜收视：53.9%**

昭和最后一届的红白，是属于杰尼斯的偶像组合光 GENJI，在这一年他们有多首大热歌曲，取得唱片大赏，初登红白即成为白组头阵，唱出多首大热曲的串烧歌。他们穿直排轮溜冰鞋出场，带动全国中小学生的直排轮溜冰热潮。而每人都有印象颜色，还有全队都能打后空翻等特色，对日后杰尼斯事务所的后辈以至其他偶像组合都影响深远。

而这一年 NHK 改变了一直以来向各界收集意见去决定出场歌手的方法，改为自行制定一个歌手名单，由歌手自由选择希望出场的代表。

### 40 平成元年 (1989)

**司仪：红组／三田佳子　白组／武田铁矢｜出场：红组 27／白组 27｜优胜：红组｜收视：前半／38.5%　后半／47.0%｜瞬间最高收视：石川さゆり 56.5%**

进入新时代后，红白也踏入新纪元。主要改动是把节目分为两半，中间有五分钟的新闻休息时间。这一年的前半部是纪念昭和时代的旧曲部分，播出多位已引退或去世的歌手影象，而第二部就是当年的大热歌曲，大家从收视可以看出受欢迎程度的分别。当中因为出场单位大增至 54 队，让节目提早至 7：20 开始，和日本唱片大赏时间重迭，收视进一步受打击。

为了创新和挽救收视，这一届红白变得非常国际化，对华人来说有另一个更熟悉的名字登场：谭咏麟。他以一半日文及一半广东话唱出《爱念》。

### 42 平成 3 年 (1991)

**司仪：红组／浅野ゆう子　白组／堺正章｜出场：红组 28／白组 28｜优胜：红组｜收视：前半／34.9%　后半／51.5%　瞬间最高收视：谷村新司 58.5%**

这一年，一向以奇装异服突出的小林幸子，由于衣服太重无法自行走动，唯有吊上钢线在空中飞舞。还有现场观众的投票由往年数人头，改为由 UFO 型的气球带着麦收音，以红白组支持者谁的欢呼声更大来决定。

## 43 平成 4 年 (1992)

司仪：红组／石田ひかり　白组／堺正章｜出场：红组 28 ／白组 28 ｜优胜：白组｜收视：前半／ 40.2%　后半／ 55.2%　瞬间最高收视／ DREAMS COME TRUE 62.0%

意识到海外直播、外国歌手对红白的气氛和收视无助，NHK 则停止了邀请，收视果然实时上升。

首次以个人身份登场的本木雅弘在正式演出时，突然戴上注入白色液体而膨涨的安全套首饰登场，引起大量抗议电话，而他在之后表示那是对抗艾滋病之举。另外小林幸子这年在身上挂上以 62500 个电灯登场，彩排时曾有数百人为她的衣装欢呼，但正式出场时，以为内有部分灯点不亮，加上现场 3000 名观众寂静无甚反应，结果她气得不出席事后的庆祝会而直接回家。

## 44 平成 5 年 (1993)

司仪：红组／石田ひかり　白组／堺正章｜出场：红组 26 ／白组 26 ｜优胜：白组｜收视：前半／ 42.4%　后半／ 50.1% ｜瞬间最高收视：小林幸子 55.6%

以往，主持为了让收音机的听众更投入会解说出场歌手的服装，然而到了小林幸子出场时，主持说了一句“这个……”就没有再说下去了，可见她的奇装异服已经到了一个言语不能形容的地步。但这样却引起观众的更大兴趣，小林幸子成为当年收视最高的歌手。

## 52 平成 13 年 (2001)

司仪：红组／有働由美子　白组／阿部涉｜出场：红组 27 ／白组 27 ｜优胜：白组｜收视：前半／ 38.1%　后半／ 48.5% ｜瞬间最高收视：CHEMISTRY 氷川きよし 52.4%

因为 NHK 会长要振兴电视台，大会 45 年以来首次全用 NHK 的主播当红白组的司仪。另外，由于当年动画《千与千寻》票房大破纪录，大会特别请来木村弓唱出电影主题曲《永远同在》，开创了邀请非正式出场歌手献唱当年名曲的先河。

## 53 平成 14 年 (2002)

司仪：红组／有働由美子　白组／阿部涉｜出场：红组 27 ／白组 27 ｜优胜：红组｜收视：前半／ 37.1%　后半／ 47.3%　瞬间最高收视／中岛美雪 53.8%

NHK 开始了 BS 数码广播，观众从此可以安坐家中用遥控进行审查投票。同时时隔十二年红白，红白再一次出现海外直播演出的安排。

## 54 平成 15 年 (2003)

司仪：红组／有働由美子、膳场贵子　白组／阿部涉、高山哲哉｜出场：红组 31 ／白组 31 ｜优胜：白组｜收视：前半／ 35.5%　后半／ 45.9%　瞬间最高收视／ SMAP 57.1%

这一年红白开始进行地上数码广播，东京、大阪、名古屋三个地区的观众也可以参与投票。出场组合又破纪录，达 62 组。因这一届红白观众反应很好，故此 NHK 在新年再次放送。

此年 SMAP 首次为白组压轴，成为史上首队组合唱压轴，唱出当年大红作品也是他们至今的代表作《世界上唯一的花》，结果完全征服审查员，白组以 15:0 完胜红组。那时惯例是红白组司仪各投一球，看谁投得多，红组司仪有働由美子一球也没有……

## 55 平成 16 年 (2004)

司仪：红组／小野文惠　白组／阿部涉｜出场：红组 28 ／白组 28 ｜优胜：红组｜收视：前半／ 30.8%　后半／ 39.3%　瞬间最高收视／小林幸子 天童よしみ 46.0%

这是雅典奥运召开的一年，在柚子唱出奥运的公式歌曲《荣光的架桥》前，NHK 邀请了多位奥运奖牌得主登场，增强气氛。

但这一年，红白却陷入黑暗。监制被揭发在制作费中有不正当支出的事件引起了全国的广泛关注及批评。为了增加透明度、挽回公信力，NHK 首次在选拔出场歌手时进行“希望在红白出战的歌手”公开意见调查，票数最高的 15 组可以登场。然而也这逆转不了形势，2004 年的红白成为史上最低收视率的一届。

## 56 平成 17 年 (2005)

司仪：红组／仲间由纪惠　白组／山本耕史｜出场：红组 30 ／白组 30 ｜优胜：白组｜收视：前半／ 35.4%　后半／ 42.9%　瞬间最高收视／ SMAP 48.6%

这一届红白以“终战六十年”为主题，不少老牌歌手都唱出广岛原爆有关的歌曲，吉永小百合更在直播中朗诵有关原爆的诗。

这一年白组胜出，红白组打成 28 比 28 平手，但直到现在，红组再未赢过，白组保持史上最长的六连胜。

## 57 平成 18 年 (2006)

司仪：红组／仲间由纪惠　白组／中居正广｜出场：红组 27 ／白组 27 ｜优胜：白组｜收视：前半／ 30.6%　后半／ 39.8%　瞬间最高收视／ SMAP 48.8%

这一年最受瞩目的绝对是初登场的 DJ OZMA（绫小路翔），他事前已因为宣称在红白出场时全裸露下体而被 NHK 警告，正式演出时，他虽然收敛，只在内裤上装上“假鸟”，但原本在彩排时穿着比基尼的 51 个伴舞却突然个个挺着双峰跳舞，震惊全日本。虽然事实上，她们只是穿上画有乳房图案的肉色的紧身衣，但对于一直作风保守的 NHK 来说，这可是破天荒第一次“露奶”的严重事件。虽然大会总司仪半小时后即场在节目中解释道歉，然而一小时内，NHK 仍收到超过 250 个抗议电话，事后 NHK 只有再一次公开道歉。

## 58 平成 19 年 (2007)

司仪：红组／中居正广　白组／笑福亭鹤瓶｜出场：红组 29 ／白组 27 ｜优胜：白组｜收视：前半／ 32.8%　后半／ 39.5% ｜瞬间最高收视／ SMAP43.9%

初出场的焦点集中在红组，变性人中村中因为性别障碍而唱出表达爱情无分性别的《友达之诗》大热，成为第一个身份证上为男性的个人歌手为红组出战。中川翔子及 Leah Dizon 以秋叶原系组合也于红白初登场。

## 59 平成 20 年 (2008)

司仪：红组／仲间由纪惠　白组／中居正广｜出场：红组 26 ／白组 27 ｜优胜：白组｜收视：前半／ 35.7%　后半／ 42.1%　瞬间最高收视／羞耻心 with Pabo 47.8%

唱出大热动画《崖上的波儿》主题曲的大桥望美，以 9 岁之龄打破出席红白歌手的最年轻纪录，而久石让更亲临指挥宫崎骏的动画主题曲串烧歌。

## 60 平成 21 年 (2009)

司仪：红组／仲间由纪惠　白组／中居正广｜出场：红组 25 ／白组 25 ｜优胜：白组｜收视：前半／ 37.1%　后半／ 40.8% ｜瞬间最高收视／ DREAMS COME TRUE 50.1%

这一年是红白重要的第六十届纪念，大会请来在大河剧《天地人》有好表现的童星加藤清史郎及大桥望美组成“儿童司仪”介绍审查员。

为纪念第六十届，节目下半部分开始时，全体出场歌手及审查员上台，在久石让指挥下唱出六十周年纪念歌《歌之力》，而这更是第一次请观众加入合唱。

## 红白之最

**最多出场**
- 岛仓千代子（1984 / 35 届）
- 北岛三郎（47 届）

**最多出场组合**
- The Peanuts（1965 / 16 届）
- SMAP（1967 / 18 届）

**最年轻出场**
- 大桥望美（9 岁 7 个月）（2008 / 59 届）
- 河野ヨシユキ（11 岁 10 个月）（1954 / 5 届）

**最年长出场**
- 岛仓千代子（66 岁 9 个月）（2004 / 55 届）
- 藤山一郎（78 岁 8 个月）（1989 / 40 届）

**最年长初出场**
- 秋元顺子（61 岁 6 个月）（2008 / 59 届）
- いかりや长介（70 岁 1 个月）（2001 / 52 届）

**初次有非艺能界正职的歌手出场**
组合：野猿（1999 / 50 届）
个人：木山裕策（2008 / 59 届）

**初次以声优身份出场**
水树奈奈（2009 / 60 届）

**首个非日本籍歌手出场**
日裔：ジェームズ繁田（1957 / 8 届）
非日裔：Rosanna Zambon（1970 / 21 届）

**首个大满贯（司仪、歌手、审查员、应援嘉宾）**
西田敏行

**最多初出场单位**
23 组（1991 / 42 届）

**最多出场曲目**
五木ひろし（37 曲）

**同一届最多出场歌手的事务所**
渡边制作事务所（10 组，1974 / 25 届）

**出场人数最多**
AKB48（130 人，2010 / 61 届）

**最多打头阵**
- 荒井惠子（5 届）
- 乡ひろみ（4 届）

**最多压轴**
- 美空云雀（13 届）
- 五木ひろし（13 届）

**最年轻压轴**
- 山口百惠（19 岁 11 个月）（1978 / 29 届）
- 森进一（22 岁 1 个月）（1969 / 20 届）

**最年长压轴**
北岛三郎（73 岁）（2009 / 60 届）

**初登场即压轴**
淡谷のり子（1953 / 4 届）

**最年轻司仪**
- 松隆子（19 岁 6 个月）（1996 / 47 届）
- 中居正广（25 岁 4 个月）（1997 / 48 届）

**司仪次数最多**
宫田辉（15 届）

**组合司仪**
岚（2010 / 61 届）

**最长歌唱时间**
多首：长渕刚（13 分，1990 / 41 届）
一首：植村花菜（约 7 分 50 秒，2010 / 61 届）

**以红白为引退前最后舞台**
小畑实（1957 / 8 届）
都春美（1984 / 35 届）
THE CHECKERS（1992 / 43 届）
X-JAPAN（1997 / 48 届）

# おろし器：磨泥器

撰文、图片 | 深海魔术师

鮫皮おろし

## 恋物的理由

■“每次看到那些很美好的事物，心里都会有一种想要更好地生活着的信念”。当商业社会的文明发展到极致，当精神世界因忙碌而渐渐荒草丛生，恋物便无可避免地愈发成为某种潮流与时尚标志，甚至是人们精神世界的投影和寄托。在生活的自动化和物化趋势越来越严重的日本，恋物性不可谓不是其国民性之一。

■从华美纷繁的 20 件套振袖礼服，到秋叶原店铺里花样百出的各种手办和扭蛋，日本人的恋物性表现在其日常生活的方方面面，其中可谓开创先河并能流芳百世的，却是那些被人们日复一日使用的，普通到不能普通的厨具。哪种形状的锅用来做什么、哪种材质的锅适用于哪种烹饪方法、一种食材的不同部位需要用哪些刀进行分割……在这颗孤独旋转着的蓝色小星球上，恐怕没有哪一个国家、哪一种文化能像日本一样专注于创造出如此复杂而又谨小慎微的“厨具使用守则”。

■众所周知，日本料理的精髓在于追求食材最本真的味道，力求用最恰当的加工工具，以最低限度的烹调将自然的味道完整还原在食客的味蕾之上。而有相当多的珍稀食材都非常容易因不恰当的料理工具而损失本身的风味与颜色（比如富含维生素 C 的蔬果不适合用刀切），因此，对于料理工具材质的多样化追求便成了自然而然的事，而各种研磨工具的出现，在这个餐餐都要配萝卜泥的国度里也似乎也变成了必然。

## 恶鬼和鲨鱼

■“おろし器”是研磨工具的通称，也可以翻译成“擦菜板”或“磨泥器”，主要分为板型和碗型两种。板型，顾名思义，外形与日本新年玩球类游戏时所用的羽子板相似，一般为金属质地，或竹制；而碗型则多为陶、瓷制品。不仅在材质方面有区别，在用途上，各种おろし器也是分门别类，绝对泾渭分明：金属质地的“おろし金”主要用来磨碎生姜；竹质地的“鬼おろし”则用来磨萝卜泥；圆筒状的“チーズおろし”专门用来刨奶酪丝；还有一种内壁布满凸起交错纹路的研磨碗，则是磨山药泥和各种蔬果糊的利器。在诸多研磨工具中，最为昂贵珍稀的非“鮫皮おろし”莫属。

■“鮫皮おろし”属于板型研磨器的一种，顶部带一个小巧的手柄，板身为铲形或圆形，外形酷似乒乓球拍，也被直接称作“鮫皮おろし板”。

■虽然被叫做“鮫皮おろし”，但严格来说并不是用真正的鲨鱼皮制成，而是将一种栖息于中国南海和印度洋的“圆犁头鳐”背部的皮肤晒干后固定在木板上制成的研磨器。这种鳐和鲨有很近的亲缘关系，其外形——尤其是尾部——与鲨鱼十分相近，唯一的区别在于它们鳃和吻的位置不同，因此在古代曾被误认为是鲨鱼的一种。这种鳐的皮肤干燥后因布满粗糙的凸起，而在过去很长一段历史中被广泛应用于高级日本刀柄的防滑处理，可谓是皮革中的贵族。

■在现代，“鮫皮おろし”是一种专门用于山葵研磨的高级料理工具，因价格昂贵，一般较少在普通家庭中出现，半个手掌大小的袖珍“鮫皮おろし”起价就要

1500 日元，而直径在 12 厘米左右的“超特大”鲛皮おろし最少也要 1 万日元，这样的价格作为一个磨泥器来说，不可谓不“贵族”了。话说回来，即使是这种不菲的价格，仍有不少“本格派”料理人趋之若鹜，他们认为在不远的将来，“鲛皮おろし”很有可能会出现千金难求的局面。

### 千金难求 vs. 有价无市

■ 日本的渔业捕捞向来是环保主义者和 NGO 们的众矢之的，特别是近年来世界自然保护联盟加大了对海洋生物的关注度，无疑为上述千金难求论者提供了有力证据：在 1994 年的《IUCN 红色名录标准》中大篇幅记载了海洋生物种群的减少，这些物种包括软骨鱼（括鲨、鳐、灰鳐）、海马等；《2000 年 IUCN 红色名录》

金属擦菜板

研磨碗

中除了增加了对海洋物种的记录比例，还提供了证据表明渔业误捕是大量海洋物种面临的主要威胁，而巴西犁头鳐则被列为极危物种。评估引发了一系列辩论，无论这些评估的精确性是否完全可信，但舆论指向无疑将为整个日本捕捞业造成相当压力。

■ 因此，具有远见卓识的日用品制造商们近年来也在不断尝试开发新材质的研磨工具，以期取代昂贵、不环保且用途有限的"鲛皮おろし"，除了铜、铝、不锈钢等常规材质外，近几年塑料和陶瓷质地的研磨器也崭露头角，因其低廉的价格和可爱多变的造型，受到很多年轻主妇的好评，因而越来越多地出现在日常家庭的厨房中。另外，还有不少"不那么讲究"的料理店也开始摒弃"鲛皮おろし"，将山葵直接剁成碎末给客人端上，更有甚者完全以山葵粉或青芥辣取代了新鲜山葵，当然就更谈不上用哪种研磨器了。

■ 这么一来，有趣的情形出现了：比起另"本格派"料理人忧心忡忡的千金难求，现在围绕"鲛皮おろし"反倒出现了有价无市的尴尬局面，而这恐怕也是所有传统手工艺从业者都需要面对的一个颇为严峻的挑战。

■ 所幸，眼下仍有不少秉承自然原生态饮食理念的日本人，坚定地认为只有用干燥的鲨鱼皮研磨出来的山葵才是最地道的鱼生伴侣，唯其如此才能将其略甜的辛辣风味发挥得淋漓尽致。也许正是这类人的存在，日本的厨具文化才能得以继续源远流长地在世界饮食文化长河中熠熠生辉。

### P.S. 绿芥末可不是"芥末"哟！

■ 我们通常所说的"芥末"实际上是三种不同的东西：芥末、辣根和山葵。

■ 国内传统意义上的芥末是芥菜的种子，在中国的大部分地区均有种植，用它作成的芥末粉和芥末油，是我国北方的一种常见调料，主要用来拌菜，常见的有芥末墩、芥末鸭掌等，也就是我们常说的"黄芥末"，在味道上和辣根、山葵有明显的区别。

■ 第二种是辣根，又叫西洋芥末、西洋山嵛菜、山葵萝卜，原产于欧洲南部和土耳其，上个世纪初由英国人引入上海，用于西餐中烤牛肉等菜肴的佐料。

■ 第三种才是山葵(Wasabi)，也叫山嵛菜，原产日本，是一种经济价值很高的蔬菜兼药用植物。不仅可以预防蛀牙，对预防癌症、防止血液凝块、治疗气喘等也有一定的效果；此外，促进食欲、帮助消化、防止食物中毒也不在话下。

■ 其实，山葵的作用之于鱼生，并不是所谓的去腥，而是杀菌。因为好的鱼生足够新鲜，绝不会有一丝腥味，本不需要去腥，但哪怕是处理的再地道的鱼生，也无法避免少量的寄生虫在其中，而放山葵，就是为了杀除鱼肉中的细菌。

■ 但是，由于山葵的生长需要特殊的生态环境条件，对气候、水源、土壤等自然条件有严格的要求。鸡粪和长期流动的水，对地力的消耗相当大。种完山葵的土地，甚至三年无法耕种其它植物。因此，山葵非常稀缺与珍贵，除了高级料亭之外，几乎所有的寿司店，用的都是由辣根和食用色素制成的仿制山葵，目前市售的青芥辣和山葵粉也大多为辣根制品。

■ 辣根和山葵虽然在外观上有明显的区别，其辛辣味道的化学成分却完全一致。因此，辣根渐渐作为仿制山葵的材料被广泛应用，也渐渐获得了公众的任何。在日本，如果芥末产品中含有真正山葵，包装上会加以字样区别，"本わさび使用"（使用真正山葵）是含有50%或以上山葵；"本わさび入り"（加入真正山葵）是含有50%以下的产品。而添加了山葵的芥末，价格也远远高于普通仿制的芥末酱。

■ 总之，现在想要品尝真正的山葵，最好的办法是去地道的料亭点上一份肥美的高级手握，不仅能享受到料理师傅现场为你用"鲛皮おろし"磨制山葵泥的服务，也可以自己动手尝试。将混合着新鲜山葵泥清新微甜风味的寿司放进嘴里大肆咀嚼，实在是让每个料理达人只要想想就口涎四溢的美味！

# 告诉我吧！日语老师！

第二课

ああ、こちらをご覧ください！

撰文｜刘联恢

绘图｜shakedog

## なう

nau

◉ 这个词来源于英语的"now"，曾经在1970年代出现过，当时的表达方式是"ナウなヤング"意思是当今的年轻一代。那时候日本正是经济腾飞、走向世界的黄金时代，这个短语当然也就体现了雄心勃勃，活力充沛的感觉。不过随着泡沫崩坏，日本开始陷入长期的经济不景气，这个词渐渐也不再听人提起。

◉ 而"なう"重新大热起来，和如今微博的广泛流行是分不开的。大家利用这样的网络服务可以更方便即时地报告自己目前的想法以及状态，成为一种新的交流沟通方式。

◉"なう"的用法很简单，如果你看到有人在微博上写着"河原町なう"，那就是说"我现在在河原町"。而如果如果写的是"宿題（しゅくだい）なう"，那他的意思就是"我正做作业呢"。照此类推，想说我正吃饭呢该怎么表达呢？用传统的"食事中（しょくじちゅう）"已经显得有些古板了吧，该说"食事（しょくじ）なう"了。

◉ 在咱们国内，各大门户网站的微博也受到强力欢迎。据相关部门统计，2010年底微博用户就已经达到了6500万人，而今年中就可能过亿。当然，在国内网络上我们也有一个与"なう"相应的表达方式，就是给正在做的事情后边加上英文进行时的时态"ing"，比如"吃饭ing"，"等ing"。

◉ 而反观日本，既不用英文，也不用常用来翻译外来语的片假名来表达书写，也许是因为这个词非常贴切地体现了人们把现实中的自己映射在网络世界中的这种状态吧，"なう"大有成为日语本土词的架势。而随着智能手机以及移动电脑的普及，大家纷纷在各种软件上标注自己的状态，所以到处都可以看到这个"なう"啦。

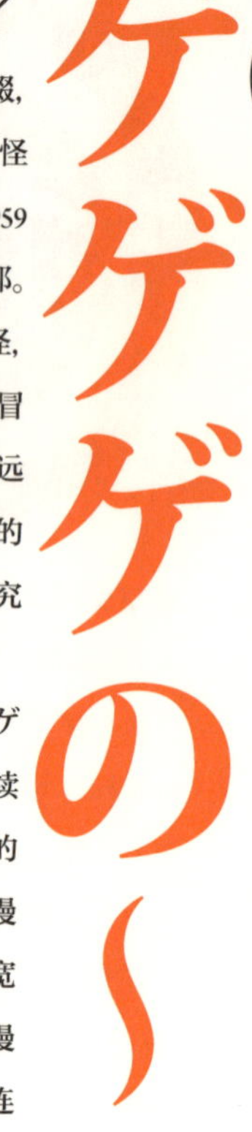

## gegege no~

◉ 既然有了“ゲゲゲの”（怪怪怪的）这个前缀，就要简单介绍一下日本漫画家水木茂的作品《怪怪怪的鬼太郎》。这部漫画的第一篇发表于 1959 年，主人公是一名幽灵族的少年，叫做鬼太郎。为了维护妖怪界的和平，铲除那些做坏事的妖怪，鬼太郎跟着他的“眼球老爹”展开了一连串的冒险。《怪怪怪的鬼太郎》在日本动漫界产生了深远的影响，曾先后被改编成动画、游戏、电影。它的作者水木茂也因为在民俗学妖怪传说方面的研究成果而被称为“妖怪博士”。

◉ 2010 年水木茂的妻子武良布枝的自传《ゲゲゲの女房（にょうぼう）》（怪怪怪的妻子）被 NHK 拍成了连续剧，在早间剧场播出，描写了出生于优越家庭的女主人公布美枝与在战争中失去左臂的贫穷漫画家茂通过相亲结为夫妇，并以温柔的姿态和宽容的内心支持着丈夫，帮助他成为日本有名的漫画家和民俗研究专家的故事。这部励志内容连续剧受到了观众的一致好评，人气水涨船高，于是“ゲゲゲの”也跟着大受欢迎，获得了 2010 年流行语大奖的第一名。

◉ 剧中最令人印象深刻的就是，夫妇两人刚结婚的时候，生活之贫穷简直可以说是“穷神附体”，但即使在这样的艰难岁月中，布美枝依然从容而温柔地支持丈夫，她淡定的形象给人以希望和力量，所以收视率从最一开始的 14.8% 一路飙升到了后来的平均每周 23.6%。

◉ 在水木茂的故乡鸟取县境港市，有一条“水木茂路”，两边分别安置了 100 多尊他笔下妖怪的铜像。自从《怪怪怪的妻子》播出之后，观光客纷至沓来，达到了创纪录的一年 200 万人次，成为当地的名胜。

# リア充（じゅう）

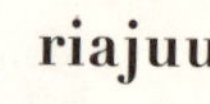

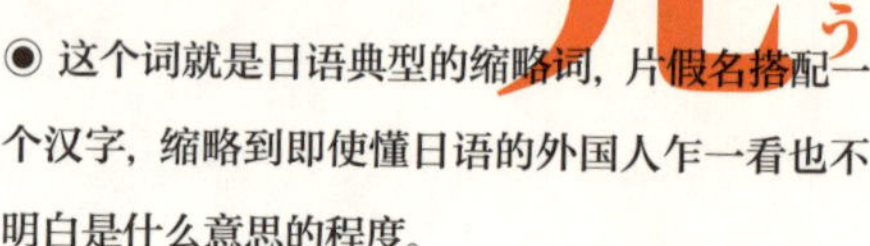

◉ 这个词就是日语典型的缩略词，片假名搭配一个汉字，缩略到即使懂日语的外国人乍一看也不明白是什么意思的程度。

◉ 那么，这个词到底说的是什么意思呢？我们先来看一个句子:「最近（さいきん）リア充（じゅう）だったから、なかなかゲームに顔出（かおだ）せなくて」（最近现实生活很充实，没什么时间上线游戏）。

◉ 本来每天都在网络游戏里碰面，结果忽然从某天开始这人不见了。不用问，八成是找到女 / 男友了吧，每天沉浸在恋爱的甜蜜里；要不就是工作忽然忙起来了；或者新添置了户外装备跟人游玩去了等等……总之一句话，这说的就是现实生活非常充实，因此不需要到网络游戏中找寻存在感、寻求慰藉的状态。

◉ 这两年社会上出现了大批的“宅男 / 宅女”，平时的爱好就是在网上打游戏或者刷论坛。说起来“宅”这个中文里的流行词还是从日文的“おたく”过来的呢。本意就是迷恋某种东西，成天闷在家里研究相关产品或者技术，有什么需求都网购网聊的人。以前是少数，可现在上网一看，十个有八个都说自己的属性是“宅”，“宅”几乎成了常态了。

◉ 所以，如果有了恋人、新工作以及其他跟网络无关的兴趣爱好而脱宅，反倒是很新鲜有趣的情况，要特别用“リア充”来说明一下，在网络依赖症在全世界范围内不断蔓延的今天，这个“现实生活很充实”就是一个听来非常美好的词语。

## イクメン iku men

◉ 熟悉日文的同学要看清楚，这可不是“イケメン”（美男子），而是“いく”，汉字写出来就是养育的“育”字，指的是慢慢开始参与养育孩子的日本年轻父亲。“メン”就是英文“men”了，“男人们”的意思。请注意这个复数表达，开始帮助妻子照顾养育孩子的年轻男人越来越多了。

◉ 在日本，因为照顾新生儿而请的“育儿假”——育児休業（いくじきゅうぎょう）原则上男女都可以请，一直到新生儿一岁零两个月为止（公务员则可以请到孩子三岁）。这也是参考了瑞典、挪威等国的经验而制定的法律。根据日本厚生劳动省的调查，希望请育儿假的男性比例达到 31%，这一数字体现了日本人对家庭和育儿的新观念。

◉ 东京都文京区的区长成泽广修利用带薪休假照顾婴儿，并把育婴心得写成博客上传，这一时成为热门话题。于是厚生劳动省借这一机会，创设了介绍和交流男性育儿经验的网站“イクメンプロジェクト（iku men project）”，全面支援男性参与育儿活动。日本的政府官员带头参加，2010 年 10 月请育儿假的官员就有广岛县知事汤崎英彦（45 岁）和大阪府箕面市长仓田哲郎（36 岁）。

◉ 不过，虽然愿意协助妻子照顾婴儿的男性不断增加，但是他们中正式向公司请产假的还是少数。大部分日本父亲仍然会觉得以这个名义请假会给公司添麻烦，担心影响到自己升职加薪，还有的觉得不是很必要。因此一般采取了“隐性产假”——隠れ育休（かくれいくきゅう）的做法，也就是指尽量利用带薪休假来照顾新生儿。对于父亲参与育儿活动这一现象本身，社会上仍然是赞否两论。看来要完全改变观念，除了法律的完善、政府的促进实施以外，还需要假以时日。

## 山（やま）ガール yama gaaru

◉ 业余时间做什么？住在城市里的你也许会回答说看电影、逛街、打游戏、四处找特色馆子享受美食……等等。当然，考虑到要对身体健康有好处，男士们也许会去健个身或者打打球、游游泳，女士们会报个瑜伽班练练瑜伽，或报个有氧舞蹈班什么的，看起来也是丰富多彩呢。

◉可是，难道你不觉得缺少了新鲜空气吗？每天忙于学习、工作、上网，好久没有跟大自然亲密接触了吧？城市里固然繁华热闹，但是每天看到的都是一样的高楼大厦，难免使人觉得疲倦。为了放松心灵、补充能量，到大自然中去吧！登山、野营、徒步……听起来非常振奋人心！

◉日本是一个多山的国家，山地和丘陵占到了国土面积的 70% 左右，因此登山运动有着得天独厚的自然条件，并拥有广大的登山爱好者群体。最近几年，登山运动作为放松心灵的一种有效的手段，更是受到欢迎，爱好者的范围扩大到了女性。很多日本女孩子开始迷上了登山、穿越等户外运动。这也正符合当下呼吁保护地球环境，提倡健康低碳生活的潮流趋势。这一群爱好登山的时尚女孩就被媒体称为“山（やま）ガール”（注意，可不是“山里姑娘”或“山村姑娘”的意思啊）。

◉爱美的女孩子们，登山当然也要打扮得美美的，她们在衣服和装备上下了不少的功夫：穿上色彩鲜艳、款式漂亮的冲锋衣以及适应恶劣环境、隔水透气的 GOTEX 登山鞋，带上各种实用而且洋气的登山装备，向着空气清新，风景秀丽的山林出发。因此，“山ガール”这个词就带有“时尚登山女性”的语感了。

# モテキ

**moteki**

◉ 日语里形容一个人桃花运旺，叫做“もてる”。帅哥美女言情剧主人公，那可是“もてもて”（桃花朵朵开），身后跟着好些追求者。按照日本流传的说法，不管你是什么样的人，在你的一生中，都会有三个时期会“桃花大盛”，算起来机会还不少呢。这就是日语里说的“モテ期(き)”。

◉ 日本漫画家久保光郎发表在漫画杂志《イブニング》（《evening》）上的漫画《桃花期》，讲述的就是人生中桃花旺旺的这段时期。即使你是一个样子平凡，普普通通的 29 岁临时工，也会突然受到众多异性的青睐。

◉ 东京电视台敏锐地捕捉到了这部作品的人气，把它改编成了电视剧。其实这是一部反现实的作品，因为摆在人们面前的现实是：日本 25 岁以上的年轻男子 3 个里面就有一个找不到对象结婚，女性则是 4 个里面有一个结不了婚。以至于日语里面借“困難(こんなん)”的发音发明了“婚難(こんなん)”这个新说法。

◉ 造成婚难的原因固然是多种多样的，不过很大一部分是由于就业难，企业为了缩减成本进行非正式雇佣这样的社会原因。日本年轻人中的“フリーター”（打零工的人）越来越多，因此导致很难在适龄时期结婚。

◉ 在中国，“剩男”、“剩女”这样的词也越来越多见于媒体，不过导致“剩下”的原因可就大不相同了。

# 断捨離（だんしゃり）

**danshari**

◉ 这个看着很酷很有哲学意味的词来源于印度瑜伽术，断就是切断，舍当然是舍弃，离指的是离开、远离。简言之，就是把簇拥身边的杂物，缠绕心头的杂念统统扔掉，换来清新的环境和清净的心情。

◉ 这种真言似的短语很适合念诵，遇到烦恼或者杂事缠身的时候，不妨默念着“断(だん)！捨(しゃ)！離(り)！”看看能不能把一切乱七八糟烦人的琐事抛诸脑后。就如同遇到妖怪与之对阵时大声说“临兵斗者皆阵列在前”一样。

◉ 不过其实更酷的用法不是为自己打气，抛除杂念什么的，而是用在家庭大扫除上。日本一位叫做山下秀子的女士写了本书，书名就是《断捨離》。书里提倡从身边的整理整顿开始，通过清理居住环境，清理心境，清理周边人际交往等等，舍弃那些完全不需要的东西，进而改善心情，调整人际关系，展开完全不同的生活，塑造新的自己，走上更愉快的人生之路。

◉ “断捨離”还被专门注册了商标，成立了咨询公司，为那些人生或事业有烦恼的人们提供帮助。山下秀子还上电视做节目，讲述自己断舍离的理念。面向家庭主妇，她说，很多人认为打扫就是扫掉尘土就完了，实际上应该做的是舍弃，比如实际上没什么用，只因为是别人送的就留着的小东西，或者是再也不会读第二遍的书，都应该扔掉。家里面的所有东西，最好都按照“要(い)る（需要）”、“要(い)らない（不需要）”的二选一原则分开，把不要的东西全扔掉。经过这样选择，才会发现自己真正需要的是什么，才能过上真正简单朴素的人生。

◉ 总之一句话，不论是不需要的东西，还是看着烦想着烦的人、事、物，只要来个“断捨離”，世界就清净了。

**图书在版编目（CIP）数据**

知日·制服 / 苏静主编. -- 沈阳 ：辽宁教育出版社，2011.3
ISBN 978-7-5382-9167-4

Ⅰ.①知… Ⅱ.①苏… Ⅲ.①文化－概况 －日本
Ⅳ.①G131.3

中国版本图书馆 CIP 数据核字 (2011) 第 044526 号

---

辽宁教育出版社出版、发行
(沈阳市和平区十一纬路 25 号 邮政编码 110003)
廊坊市兰新雅彩印有限公司印刷

---

开本：787 毫米 ×1092 毫米 1/16　字数：100 千字　印张：$11\frac{3}{4}$
2011 年 3 月第 1 版　2011 年 3 月第 1 次印刷

---

责任编辑：沈　放　责任校对：刘　瑮
封面设计：typo_d　版式设计：typo_d

---

ISBN 978-7-5382-9167-4
定价：35.00 元

# 日本写真 / 写真家 @ 2011 草场地摄影季

## @ 三影堂摄影艺术中心 [北京市朝阳区草场地 155 号，+86 (10) 6432 2663]

《蔷薇刑 #32,1561 年》© 细江英公 ©Eiko Hosoe,bara-kei#32,

### 展览

细江英公：写真绘卷

4 月 23 日 - 5 月 31 日 星期二 ~ 星期日，10:00-18:00

开幕时间：4 月 23 日 3:00 pm

### 展出作品

此次展出细江英公 60 年代的两组代表作。

《男人和女人》

以肉体为客体表现两性之间充满矛盾的即相互吸引又排斥、冲突的关系。

《蔷薇刑》

以三岛由纪夫为被摄体，在巴洛克式背景中创造了超越个人唯美的影像。

### 讲座

细江英公：我的摄影人生 60 年

4 月 25 日，14:00 - 16:00

细江英公将讲述他在摄影方面的经验、作品分析以及在摄影方面的一些重要观点。

讲座地点：日本国际交流基金会北京日本文化中心多动能厅

北京市建国门外大街甲 6 号 SK 大厦（原凯德大厦）3 层 301 ＊参加讲座需提前报名

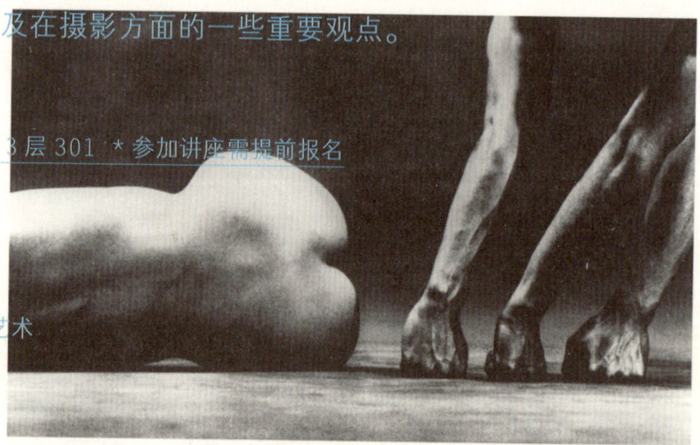

《男人和女人 #24,1560 年》© 细江英公 ©Eiko Hosoe,man&woman#24,1960

### 讨论会

4 月 27 日

日本写真·超·现代史 ——1991-2011 日本摄影艺术

14:00 - 15:30 本尾久子 | 艺术制作人

日本摄影书籍设计

15:45 - 16:30 町口觉 | Match 公司艺术总监和发起人

日本与中国摄影书籍发展圆桌讨论会

16:45 - 18:00 町口觉、荣荣、蔡萌

### 工作坊

町口觉逸事——日本私人摄影书籍设计工作坊

4 月 28 日，14:00 - 17:00

町口觉是日本著名前沿设计师，《40+1 摄影家精选》是他与年轻摄影家合作的产物，觉既传达日本传统手工工艺的极致精美，又结合日本当代新锐摄影的表现性。此次工作坊中，町口觉将为我们展示摄影书籍设计的魅力，讨论如何将书籍变成独立的完美作品。